图 3-1 京东的"亚洲一号"

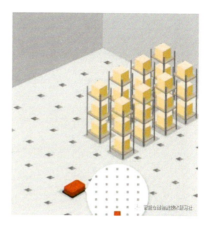

图 3-29 二维码定位

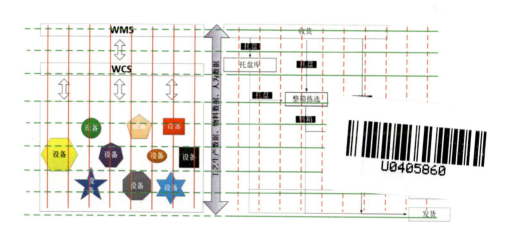

图 3-38 数字化网络

图 4-21 Bastian 的自动装卸细节

图 4-40 京东"竖亥"采集系统

图 4-64　AGV 单次双托盘搬运

图 5-29　托盘穿梭板存储系统

图 5-42　堆垛机转弯

图 5-55　堆垛机配合穿梭板

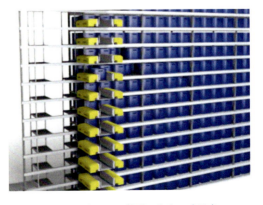

图 5-75　每层一个出入库设备

图 5-81 可爬升的多层穿梭车系统

图 5-87 柔性机器人料箱存储系统

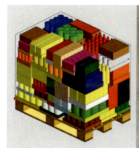

图 6-21 智能拣选码垛系统

图 6-23 波士顿动力公司的物流机器人

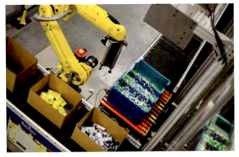

图 6-47 "货到机器人"拣选

图 7-31 双层分拣线

图 8-4 变尺寸包装材料供给线

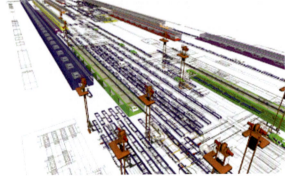

图 9-1 导入布局与设备

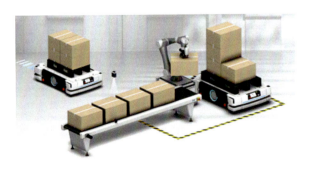

图 10-8 未来智能物流系统假想图　　　　　　图 10-12 未来自主仓储机器人

INTELLIGENT LOGISTICS

System composition and technical application

智能物流

系统构成与技术应用

王斌 / 编著

机械工业出版社
CHINA MACHINE PRESS

本书主要讲述物流智能化技术、设备、系统等知识,从智能仓储物流系统集成的底层技术及其实现原理开始,剖析典型仓储物流系统中各环节的系统原理、技术方案和实现逻辑,书中配有大量的案例视频,扫码即可观看,内容丰富。技术细节包括智能仓储物流自动化规划设计、自动化立体库、智能机器人、自动化拣选系统、仓储管理软件 WMS、AGV 应用等一系列热点内容。

　　本书适合智能物流系统的集成商、设备商、软件商、服务商的从业人员阅读,也适合各行业拟将上线智能化仓储物流系统的业主方阅读,同时也可作为大中专院校物流管理专业的参考教程。

图书在版编目（CIP）数据

智能物流：系统构成与技术应用/王斌编著．—北京：机械工业出版社，2022.7
（2025.6 重印）
ISBN 978-7-111-71176-6

Ⅰ.①智… Ⅱ.①王… Ⅲ.①智能技术－应用－物流管理 Ⅳ.①F252.1-39

中国版本图书馆 CIP 数据核字（2022）第 117759 号

机械工业出版社（北京市百万庄大街 22 号　邮政编码 100037）
策划编辑：李晓波　　责任编辑：李晓波
责任校对：张艳霞　　责任印制：刘　媛

北京富资园科技发展有限公司印刷

2025 年 6 月第 1 版·第 7 次印刷
184mm×260mm·14.5 印张·2 插页·357 千字
标准书号：ISBN 978-7-111-71176-6
定价：89.00 元

电话服务	网络服务
客服电话：010-88361066	机　工　官　网：www.cmpbook.com
010-88379833	机　工　官　博：weibo.com/cmp1952
010-68326294	金　书　网：www.golden-book.com
封底无防伪标均为盗版	机工教育服务网：www.cmpedu.com

前言 Preface

近 20 年，制造业领域产品规模化和定制化生产的趋势愈演愈烈，商业流通领域订单的海量化和碎片化趋势也越来越明显。这些趋势都对背后的物流服务提出了更高的要求，智能物流系统的应用势在必行。这已经在我国的智能物流装备市场里得到了充分的验证。

智能物流的相关从业者主要有智能物流装备集成商、设备生产商、软件商和智能物流系统使用者。这些不同的角色往往关注的重点不一样，而成功的智能物流系统的搭建需要在甲方和乙方、机械工程师和电气工程师、硬件工程师和软件工程师、物流规划师和项目实施人员的共同协作下才能完成。当前智能物流相关的绝大多数书籍的内容基本上都是各种物流设备参数和功能介绍的堆砌，并未介绍智能物流系统的底层原理和技术应用逻辑。本书旨在搭建一座各方从业人员共同的技术认知桥梁，从智能仓储物流系统集成的底层要素、基础技术开始讲述，再分别剖析各典型物流环节中的智能物流系统原理和实现逻辑。

本书实用性强，内容丰富，配有大量的图片和视频，便于读者理解。本书包括智能仓储物流自动化规划设计、自动化立体库、智能机器人、自动化拣选系统、仓储管理软件 WMS、AGV 应用等一系列热点内容。

本书是业内首次系统性、理论性地梳理了智能物流的底层要素，为智能物流系统的认知提供了一个新的解析视角。另外，编者在本书最后分享了未来智能物流系统的发展方向，希望能为物流装备行业和企业提供战略布局参考。

本书在编写过程中，得到了机械工业出版社编辑的鼓励和耐心指导，同时本书中的很多素材来自公众号"智能仓储物流技术研习社"粉丝群的主动贡献。粉丝群中包括智能物流装备行业的众多专家和各物流装备商的专业人员，在此一并表示感谢。

由于篇幅所限，读者如想了解更多的知识和案例可以通过关注公众号"智能仓储物流技术研习社"来进一步获取。

编 者
2021.12

目录

前言
第一章　智能物流系统概述 ⋯⋯⋯⋯ 1
1.1　智能物流系统的概念 ⋯⋯⋯⋯ 1
1.1.1　智能物流形成的起因 ⋯⋯⋯ 1
1.1.2　智能物流系统的概念 ⋯⋯⋯ 3
1.2　智能物流系统的特点 ⋯⋯⋯⋯ 5
1.2.1　数字化 ⋯⋯⋯⋯⋯⋯⋯⋯⋯ 6
1.2.2　智能化 ⋯⋯⋯⋯⋯⋯⋯⋯⋯ 6
1.2.3　网络化 ⋯⋯⋯⋯⋯⋯⋯⋯⋯ 6
1.2.4　柔性化 ⋯⋯⋯⋯⋯⋯⋯⋯⋯ 7
1.3　智能物流系统的构成 ⋯⋯⋯⋯ 7
1.3.1　智能物流系统的架构组成 ⋯ 7
1.3.2　智能物流系统的底层要素 ⋯ 8
1.3.3　智能物流系统的基础技术 ⋯ 10
1.4　引入智能物流系统的意义 ⋯⋯ 10
1.4.1　降低物流运营成本 ⋯⋯⋯⋯ 11
1.4.2　提升物流服务效率 ⋯⋯⋯⋯ 14
1.4.3　增强服务质量 ⋯⋯⋯⋯⋯⋯ 15
1.4.4　确保生产安全 ⋯⋯⋯⋯⋯⋯ 16
1.4.5　特殊工况下的需要 ⋯⋯⋯⋯ 16
第二章　智能物流系统的底层要素 ⋯ 18
2.1　物料单元 ⋯⋯⋯⋯⋯⋯⋯⋯⋯ 18
2.1.1　物料的物理特性 ⋯⋯⋯⋯⋯ 19
2.1.2　物料的信息特性 ⋯⋯⋯⋯⋯ 22
2.1.3　物料的标准化 ⋯⋯⋯⋯⋯⋯ 25
2.1.4　物料的数量统计 ⋯⋯⋯⋯⋯ 27
2.2　物流上下游 ⋯⋯⋯⋯⋯⋯⋯⋯ 28
2.2.1　上下游衔接 ⋯⋯⋯⋯⋯⋯⋯ 30
2.2.2　缓存衔接 ⋯⋯⋯⋯⋯⋯⋯⋯ 31
2.2.3　上下游效率 ⋯⋯⋯⋯⋯⋯⋯ 34
2.2.4　典型的上下游模式 ⋯⋯⋯⋯ 35
2.3　物料的搬运方式 ⋯⋯⋯⋯⋯⋯ 39
2.3.1　离散式搬运 ⋯⋯⋯⋯⋯⋯⋯ 40
2.3.2　连续式搬运 ⋯⋯⋯⋯⋯⋯⋯ 51
第三章　智能物流系统的基础技术 ⋯ 57
3.1　智能物流的基础控制技术 ⋯⋯ 58
3.1.1　驱动技术 ⋯⋯⋯⋯⋯⋯⋯⋯ 59
3.1.2　可编程控制技术 ⋯⋯⋯⋯⋯ 61
3.1.3　感知技术 ⋯⋯⋯⋯⋯⋯⋯⋯ 61
3.1.4　定位导航技术 ⋯⋯⋯⋯⋯⋯ 63
3.1.5　闭环控制技术 ⋯⋯⋯⋯⋯⋯ 70
3.2　智能物流的基础信息技术 ⋯⋯ 71
3.2.1　智能物流信息系统的整体架构 ⋯ 72
3.2.2　三类智能物流数据 ⋯⋯⋯⋯ 75
3.2.3　智能物流网络通信技术 ⋯⋯ 80
3.2.4　智能物流数据处理技术 ⋯⋯ 83
3.2.5　计算机应用技术 ⋯⋯⋯⋯⋯ 83
3.2.6　数据库技术 ⋯⋯⋯⋯⋯⋯⋯ 83
3.2.7　数据处理技术 ⋯⋯⋯⋯⋯⋯ 84
第四章　智能收货和缓存系统 ⋯⋯⋯ 86
4.1　智能收货和缓存系统概述 ⋯⋯ 86
4.1.1　智能收货系统概述 ⋯⋯⋯⋯ 86
4.1.2　智能缓存系统概述 ⋯⋯⋯⋯ 87
4.2　智能收货系统 ⋯⋯⋯⋯⋯⋯⋯ 92
4.2.1　智能化月台调度 ⋯⋯⋯⋯⋯ 92
4.2.2　自动化装卸 ⋯⋯⋯⋯⋯⋯⋯ 93
4.2.3　收货下游智能集成 ⋯⋯⋯⋯ 100
4.3　智能缓存系统 ⋯⋯⋯⋯⋯⋯⋯ 105
4.3.1　输送机类缓存 ⋯⋯⋯⋯⋯⋯ 105

  4.3.2　垂直类缓存 ……………………………… 110
  4.3.3　复合类缓存 ……………………………… 111
  4.3.4　其他缓存 ………………………………… 111

第五章　智能存储系统 ……………………………… 115
5.1　智能存储系统概述 …………………………… 115
  5.1.1　智能存储系统的典型组成 ……………… 116
  5.1.2　智能存储系统的布局 …………………… 119
  5.1.3　出入库效率 ……………………………… 127
5.2　托盘类智能存储系统 ………………………… 129
  5.2.1　经典自动化立体库 ……………………… 130
  5.2.2　堆垛机换巷道 …………………………… 131
  5.2.3　单巷道双堆垛机 ………………………… 133
  5.2.4　单堆垛机双货叉 ………………………… 133
  5.2.5　密集型立体库 …………………………… 134
  5.2.6　无轨柔性立体库 ………………………… 138
5.3　料箱类智能存储系统 ………………………… 139
  5.3.1　经典 Miniload 立体库 …………………… 139
  5.3.2　多层穿梭车系统 ………………………… 143
  5.3.3　四向多层穿梭车系统 …………………… 144
  5.3.4　可爬升的多层穿梭车系统 ……………… 145
  5.3.5　"两栖"多层穿梭车系统 ……………… 146
  5.3.6　垂直式存储系统 ………………………… 146
  5.3.7　其他料箱类智能仓储系统 ……………… 147

第六章　智能拣选系统 ……………………………… 150
6.1　智能拣选系统概述 …………………………… 150
  6.1.1　提高移动速度 …………………………… 153
  6.1.2　提高搜索速度 …………………………… 154
  6.1.3　提高信息管理速度 ……………………… 156
6.2　整箱智能拣选 ………………………………… 156
  6.2.1　整箱拣选策略 …………………………… 156
  6.2.2　整箱智能拣选方式 ……………………… 159
6.3　拆零拣选 ……………………………………… 162
  6.3.1　拆零拣选概述 …………………………… 162
  6.3.2　拆零拣选策略 …………………………… 163

  6.3.3　拣选方式 ………………………………… 168

第七章　智能分拣系统 ……………………………… 176
7.1　智能分拣系统概述 …………………………… 176
7.2　智能分拣系统原理 …………………………… 179
  7.2.1　分辨物料 ………………………………… 179
  7.2.2　目标位 …………………………………… 180
  7.2.3　物料的搬运 ……………………………… 182
  7.2.4　分拣信息管理 …………………………… 182
  7.2.5　分拣机构 ………………………………… 182
7.3　常见的智能分拣系统 ………………………… 185
  7.3.1　直线式智能分拣系统 …………………… 185
  7.3.2　循环式智能分拣系统 …………………… 186
  7.3.3　机器人分拣系统 ………………………… 190

第八章　智能包装系统 ……………………………… 194
8.1　智能包装概述 ………………………………… 194
8.2　智能单件包装 ………………………………… 195
  8.2.1　获取包装容器 …………………………… 195
  8.2.2　物料入包装 ……………………………… 196
  8.2.3　装入订单页 ……………………………… 197
  8.2.4　包装内的空隙填充 ……………………… 198
  8.2.5　包装的密封 ……………………………… 199
  8.2.6　贴附包装标签 …………………………… 200
  8.2.7　包装的下级包装 ………………………… 201
8.3　智能整垛包装 ………………………………… 201
  8.3.1　码垛策略 ………………………………… 202
  8.3.2　自动化码垛 ……………………………… 204

第九章　智能物流系统的仿真评价 ……………… 207
9.1　仿真评价概述 ………………………………… 207
9.2　仿真的基本步骤 ……………………………… 208
  9.2.1　导入布局与设备 ………………………… 208
  9.2.2　设置基本参数 …………………………… 209
  9.2.3　设定工艺逻辑 …………………………… 211
  9.2.4　设定监测目标 …………………………… 211
  9.2.5　方案分析评价 …………………………… 212

第十章　未来智能物流系统的展望 …… 214
- 10.1　未来的智能物流的目标 ………… 214
  - 10.1.1　数字化的物流系统 …………… 214
  - 10.1.2　高度柔性化的物流系统 ……… 215
  - 10.1.3　智能化的物流系统 …………… 218
- 10.2　未来智能物流系统的特点 ……… 218
  - 10.2.1　新系统搭建时所见即所得 …… 219
  - 10.2.2　设备单元可热插拔 …………… 220
  - 10.2.3　系统柔性可扩展 ……………… 221
  - 10.2.4　系统可快速重构 ……………… 221
  - 10.2.5　系统具有冗余稳定性 ………… 222
  - 10.2.6　系统工作模式自适应 ………… 222
- 10.3　未来智能物流系统的实现路径 … 222
  - 10.3.1　设备单元模块化设计 ………… 222
  - 10.3.2　设备单元间可组合集成 ……… 223
  - 10.3.3　设备群与分布式控制 ………… 224
  - 10.3.4　模块接口交互与接口标准化 … 224

第一章 智能物流系统概述

社会的发展和技术的进步促使物流服务不得不升级，智能物流系统因此被广泛应用。

1.1 智能物流系统的概念

物流（Logistics），是供应链活动的一部分，以仓储为中心，促进生产与市场保持同步。物流是为了满足客户的需要，以最低的成本，通过运输、保管、配送等方式，实现原材料、半成品、成品及相关信息由商品的产地到商品的消费地所进行的计划、实施和管理的全过程。

物流的具体活动包括外部物流和内部物流。外部物流主要是指由商品的异地运输、配送、园区搬运等。内部物流主要是指工厂内部或者物流中心内部的入库、拣选、分拣、包装、搬运等。不论是外部物流活动还是内部物流活动，包括人工智能在内的各种现代先进技术手段都在逐步地被运用其中，用来提升物流管理水平。

本书所述内容集中在内部物流部分，本书后续提及的"物流"及"智能物流"都主要介绍"内部物流"与"内部智能物流"。

内部物流按照业务的特点主要分为两大类：制造业生产物流与商业配送物流。制造业生产物流服务于生产，对工厂内部的原材料、半成品、成品及零部件等进行存储和输送，侧重于物流与生产的对接；商业配送物流为商品流通提供存储、分拣、配送服务，使商品能够及时到达指定地点，侧重于连接工厂、贸易商和消费者。

不管是制造业生产物流还是商业配送物流，目的都是将物流各业务环节的物料能准时、准量地送到下个业务环节，同时本业务环节能准时、准量地接收到需要的物料。看似简单的物流活动随着社会和技术的发展在默默地发生变化，智能化是现代物流的必然趋势。

1.1.1 智能物流形成的起因

从当今世界的整体商业环境来看，生产和流通的模式正在往两个不同的方向发展：规模化和定制化。规模化需要极致的效率提升，定制化需要极致的柔性部署。智能物流系统的搭建为规模化和定制化商业的发展提供了支撑。

1. 规模化商业与物流

规模化商业的本质是通过大规模和标准化的生产和服务来实现单件成本的最小化，同时也能实现生产和服务效率的最大化。

生产制造型企业依靠大型规模化的制造模式，才能使生产成本降低、效率提高，才能在残酷的市场竞争中立于不败之地。第一次工业革命至今其实就是一部规模化生产的发展史。蒸汽机的发明使简易产品可以通过非人力驱动且可连续性地生产出来；电力的普及应用和生产线的发明使装配类的复杂工业产品也可以实现批量生产；电子信息、计算机技术和机器人技术使规模化生产更进一步。

产品大规模生产加工的对象是各种原材料、半成品，这些可统称为物料。因此，规模化生产发展的过程也是生产环节对物流系统不断提出新要求的过程。

不论工业生产发展到哪个阶段，各生产环节都希望配套的物流系统能做到以下三点。

1）足：本生产环节物流系统提供的物料是足够的。

2）快：本生产环节物流系统可以快速甚至提前供应所需的物料，可以做到随用随取。

3）好：本生产环节物流系统提供的物料是准确无误的。

对于工艺简单的生产制造，人工通过一定的辅助设施（如叉车）就基本可以完成以上三点的物流要求。而随着工业化进程的飞速发展，生产加工工艺的复杂度逐步上升，随之带来的问题也很直接。多属性物料需要在几十个甚至上千个工位之间进行周转流动，这显然对内部物流的管理提出了非常高的要求。

无独有偶，商业流通企业随着近年来互联网技术的发展，也发生了深刻的变革，也在朝着规模化运营的方向发展。数以千万计的商品被聚集到诸如京东、阿里、苏宁这样企业的仓储物流中心，海量的碎片化订单同时集中到物流中心，电商模式的愈演愈烈促使物流服务转型升级。以京东为例，单日峰值超过 150 万个订单，这对于传统的物流作业方式是无论如何也无法完成的。

与解决规模化生产发展的方式类似，驱动工业革命的各种技术也被充分地运用到了物流环节上。蒸汽机驱动技术最早在英国被运用到仓库的吊机上，可以将大批的重载物料从船上直接卸载到库内；电力驱动的皮带输送机、柴油发动机驱动的叉车，在各行业生产物料的输送搬运过程起了很大的作用；自动化的 PLC 控制器被广泛地应用到了各种仓储物流装备上，使这些装备可以实现更加复杂的物流作业。

当面对现代规模化生产和流通带来的新问题时，常规传统的物流系统显然是满足不了这种超高效生产、海量碎片化订单的服务需求的。智能化物流系统的运用是解决规模化物流服务需求的唯一手段。

2. 定制化商业与物流

规模化的生产模式确实给人们带来很多好处，让绝大多数的普通人可以以很低的价格享受到各种工业化生产的商品。不过，随着人类社会工业化的发展，越来越多的年轻一代对定制化产品的需求越来越强烈。

传统的规模化生产的工业品已经将人类社会绝大部分需求的缝隙填满了，而且填满了太久。我国年轻一代的消费理念已经与上一代的人相去甚远，这些人群都需要更加个性化和带有自我标签的商品才能获得满足。

小米手机以尊重用户和粉丝著称。在生产下一代产品的时候通常会事先在网上发布调研问卷。小米会根据投票结果来对产品进行设计和生产。而未来个性化的商品生产，不再需要投票这种形式，而是用户可以在线去配置并参与自己最想要的产品的设计和生产。定制化生产在未来将会迎来大发展。未来越来越多的人不再满足于千篇一律的产品，而是要去追求与众不同的、能符合自己个性需求的产品和服务。未来的很多工业产品都将是由消费者本人设计的，而工厂只是个代工的角色。

与规模化生产不同的是，由于定制化是小批量个性化生产，会带来高成本和长周期的问题。具有全面数字化、智能化、柔性化的智能制造是解决这两个难题的答案。

智能制造背景下的定制化生产，对工厂内参与生产的各要素有了新的要求，需要生产装备高度柔性化，能应付"定制"造成的各种参数调整后的产品生产、加工、搬运、存储等需求。因此在定制化工厂中，一定会充斥着大量个性化的原材料、零配件、半成品、成品等，并且伴随着生产工艺进行动态调整。

定制化生产会导致物料的尺寸、重量、外形、节拍、效率等的动态变化，这就给厂内物流系统带来了挑战。传统的自动化物流系统都是基于给定的物料单元、效率要求、搬运路线等设计的，这显然不能满足新的需求。

定制化生产模式下的物流系统要能自适应各种变化的物料单元和搬运工艺，只有智能化、数字化、网络化、柔性化的物流系统才能匹配个性化的生产节奏。

3. 现代技术的发展

第三次工业革命以来，自动化技术、计算机信息技术伴随着工业化进程不断地向前发展，并在各行各业得到了非常广泛的应用。到 2000 年后，大数据、物联网、云计算、人工智能、区块链、虚拟现实等技术逐步成熟，并由幕后走到了台前。新技术在当前社会的方方面面都有了深入的应用，包括物流领域。

从近 20 年的社会发展过程来看，各种前沿技术与迅猛崛起的电商业务有了很好的结合和应用成果，尤其是在物流业务方面。

2016 年以来，与物流相关的国家政策和规划密集出台，倡导以科技为导向，软硬件相结合降本增效。硬件方面主要体现在智能制造，加强智能物流装备的研发和应用；软件方面，大数据、物联网、云计算、人工智能等技术在信息管理方面的重要性被提升到了战略高度，要全面推进智能化物流体系的建立。

1.1.2 智能物流系统的概念

总之，现代社会的发展过程对于物流系统提出了更智能的要求，各种先进的科技手段也逐步应用到了物流领域，未来的物流系统往智能化方向演化是必由之路。

无论是制造业生产物流还是商业配送物流，都需要强大的智能物流系统来支持。制造业的智能物流辅助智能生产线能完成产品的规模化和定制化生产，商业的智能物流能保证商业配送服务的高质量完成。

智能物流是利用集成智能化技术，使物流系统能模仿人的智能，具有思维、感知、学习、推理判断和自行解决物流中某些问题的能力。智能物流在物流作业过程中实现大量运筹与决策的智能化；以物流管理为核心，实现物流过程中搬运、存储、拣选、分拣、包装、装卸等环节的一体化和智能化。

智能物流系统是指通过各种物流装备构建一套智能运行的系统，从而使物流系统拥有以上描述的服务能力。智能物流系统可以全部或者部分替代人力去完成内部物流的搬运、存储、拣选、分拣、包装、码垛等体力劳动，同时可以实现人力无法完成的高速、高效、高精度、高密度等物流业务指标。智能物流系统也需要具备对物料、物流设施、业务订单的调度、统筹、优化以及数据全方位监控管理的功能，从而使物流系统能以最少的资源、最低的成本、最优的方式和最高的效率完成各类物流作业。

对于智能物流系统，需要注意以下几点。

1. 智能物流系统并非是各种物流装备和物流管理软件的叠加

在传统的仓储物流中心，各作业环节都是由人工来完成的，包括物料的移动和物料的信息管理。而在各环节里分别采用各种智能装备或者软件，并不能实现真正的智能物流。

一个完整的物流过程包括卸货、搬运、加工、存储、拣选等一系列环节，每个环节互相关联。某个环节的物料存放形式不同就有可能会极大地影响到后续各环节的物流作业，比如存储环节采用自动化托盘立体库就可能会给下游拆零拣选作业带来不便。

智能物流系统必须要有整体系统的概念。微观处，从物流上下游的物料匹配衔接入手；宏观处，从物流设施的合理调度利用、信息的整体把控管理入手。

智能物流系统的建设过程是将卸货、搬运、加工、存储、拣选等进行系统集成的过程。通过对物流业务的整体分析后，设计规划出最优的整体解决方案，并基于整体解决方案选择各环节匹配的智能物流装备和信息管理系统。

各环节的智能物流装备在服从整体解决方案的前提下，通过利用各种自动化、信息化、智能化集成技术，驱动各类物流装备执行物流任务。期间由智能物流管理、控制、调度软件自行判断后，生成决策指令，并分配给现场各类物流装备。智能物流的集成过程是一个全局优化的复杂过程，只有通过运用系统集成的方法，才能使各种物料合理、经济、有效地流动，才能真正实现物流的信息化、自动化、智能化、快捷化和合理化。

2. 智能物流系统并非是各种技术在物流环节上的应用叠加

智能物流的重点还是在物流上，物流的核心还是要解决物料的移动问题。即使是通过智能化的手段来升级物流作业过程，仍旧不能离开这一核心。

当前云计算、大数据、人工智能、数字孪生等各种技术在快速发展过程中，急需在各行业和场景内应用并落地，很多技术在物流领域也有所尝试。但不论何种先进技术应用在物流领域，如果不是以解决物料的物流作业问题为核心，都不能算是智能物流范畴。

智能物流是通过技术集成使物流系统具有解决物流问题的能力。而物流系统中的元素包含很多，在传统的物流作业中，人的因素往往是最关键的一环。由于当前人力成本上升，因此降低人力成本的投入也是促使智能物流被广泛使用的因素之一。而人与机器相比，虽然有很多劣势，但是人对复杂问题的综合判断、分析和决策能力是当前人工智能等各种技术无法具备的。

在仓储物流中，有些工作是将人和物流装备结合在一起，才能使整个物流系统达到效率最高、响应最快、投资最低的效果。比如"货到人"拣选是在很多行业被广泛应用的智能拣选方案，这是一种把机器智能和人的智慧充分利用起来的高效物流作业方式。如果非要把人换成机器，变成"货到机器人"拣选，除了要增加投资外，还会由于智能识别精度不够和夹具抓取度不佳等原因导致拣选效率低下和拣选质量不稳定。从某种程度上来说，这种智能物流也非真正意义上的"智能"。

3. 智能物流系统并非智慧物流系统

物流的发展经历了人工生产、机械化、自动化再到智能化的过程。人工生产时代，工人通过推、拉、抬、举的办法或者借助简单工具进行物料的转移，采用手工记账方法统计物料数量信息；机械化时代，蒸汽机车、内燃机运输车、传送带、叉车、提升设备等被逐步地投入到物流作业中；信息化时代，AS/RS、自动导引小车、条形码、RFID等技术的应用，使物流作业进入到自动化阶段；现代各种智能集成技术又逐步将物流引入到智能化时代。

未来的社会生产强调利用物联信息系统将生产中的供应，制造，销售信息数据化、智慧化，最后达到快速、有效、个性化的产品供应。对于未来物流科技而言，即整合传统和新兴科技，以互联网、大数据、云计算、物联网等现代信息技术提升物流智能化程度，增强供应链柔性，最终实现智慧物流。

与智能物流不同的是，智慧物流是指通过智能硬件、物联网、大数据等智慧化技术手段，提高全局物流系统分析决策和智能执行的能力，提升整个物流系统的智能化、自动化水平。

由中国物流与采购联合会和京东物流联合发布的《中国智慧物流 2025 应用展望》中提到，智能物流强调的是能力，需要通过新技术的不断发展、创新来进行更新和迭代；而智慧物流则是一种整体模式和框架，强调的是系统的互联互通及深度协同。智能物流是物流系统向智慧化物流进化的重要阶段，是智慧物流体系实现的重要基础。

现阶段的物流能力处在智能物流的初级水平，离智慧物流还有很远的路要走。物流能力发展过程如图 1-1 所示。

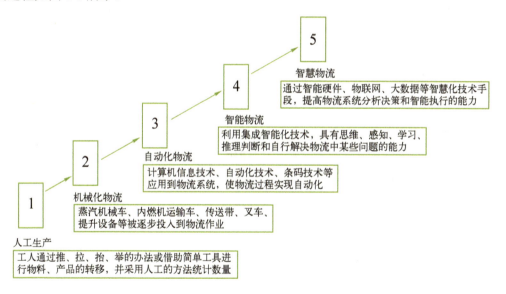

图 1-1　物流能力发展过程示意图

1.2　智能物流系统的特点

智能物流具有传统物流所不具备的能力，而这种能力主要是由智能物流装备实现的。因此智能物流装备能充分地体现智能物流系统的基本特征，主要有如下四个方面。

1.2.1 数字化

数字化是智能化的基础和前提，没有数字化就谈不上智能化。一方面，当前各类智能技术都是基于信息技术对现实中采集的数据进行运算，最后得出决策指令；另外一方面，物流由一系列的上下游组合而成，形成系统性、全流程的物流服务功能。如果没有全流程数字化的支持，同样无法打造出智能物流系统。

例如，自动化输送机上的传感器、PLC等本身就带有数字化的属性，属于数字资源，可以与其他物流装备或者软件上产生的数字整合起来作为智能决策的依据。而对于非自动化系统的各类物流设施，也需要对其进行数字化赋能。比如物料单元通过条码、二维码、RFID使其具有数字属性；对于单机物流机械（如叉车，单机皮带等），则可以通过加装传感器使其具有数字化的能力，为整体物流系统的管理、运行、决策提供数据支持。

智能物流系统的发展是建立在数字化基础之上的，而数字化为物流行业走向智能化提供了强有力的支持。

1.2.2 智能化

智能化是智能物流服务过程中最突出的特征。智能物流通过智能装备使物流系统能一定程度上模仿人的智能，使其具有思维、感知、学习，推理判断和自行解决物流中某些问题的能力。

智能物流装备首先通过各类传感器技术采集实际物流作业过程中产生的数据，感知物流系统运行中的动态信息，比如当前物料的体积大小、条码编号、在输送系统上的位置等。在这些感知到的数据基础上，借助一定的算法（如作业调度算法、蚁群算法等）得出物流作业过程中的推理决策，比如库存水平的确定、搬运路线的选择、海量订单的分拨、自动导向车的运行轨迹和作业控制、自动分拣机的运行规则、物流中心经营管理的决策支持等。

在智能运算和决策后，智能物流系统将执行指令发送给现场物流装备中的各种执行机构，完成作业中诸如搬运、包装、上架入库等动作，比如AGV小车完成不同工位间托盘物料的搬运、自动包装机完成快递包裹的装盒封箱贴码工作、高位堆垛机完成从入库口到20m高货位的物料存放。

1.2.3 网络化

一个完整的物流过程包括卸货、搬运、加工、存储、拣选等一系列环节，每个环节互相关联。智能物流要实现的高质量服务要立足于所有环节上的服务，要实现各物流环节的一体化才是真正的智能化。

物流中心通过万物互联实现各类物流装备、物料、人员、相关生产设施等信息孤岛之间的通信，促成整体从微观到宏观的协作，从而实现一体性的智能化。

传统的自动化物流系统是通过各种工业总线实现了传感器、输送机、堆垛机、执行电动机、WMS软件等的内部互联。而一个物流中心通常会有若干不同供应商提供的物流子系统，由于各自系统的设计框架不同、开发工具不同，而各子系统又需要协同工作，因此往往需要在两个子系统建立后，双方协商对接协议将各子系统连接起来。

智能物流系统内所有要素都是万物互联的，这就要求各子系统从设计之初就需要有开放互联的属性。智能物流系统都会链接到共同的信息化管理平台，在分享自我数据的同时，也可以获取其他子系统的数据。

在智能制造背景下的工厂内部，贯穿整个工厂物流各环节的收货、入库暂存、出库、分拣、打包、发货等的所有物流装备设施都要并入统一的信息化管理平台中，实现贯穿式的联网数字化集中整合。工厂内部由物流装备反馈的数据会被用来服务于关键生产环节，最终实现厂内物流装备的最佳资源利用率，为工厂生产提供最优的物流服务。

物流设施的网络互联体现的价值不止在物流中心内部，放眼到制造工厂的整个上下游产业链也蕴含巨大的潜在价值。物流中心内部的物流系统反映出工厂的生产节奏，如各种物料的消耗速度、搬运标准、存储操作要求等。而上下游工厂物流系统的数字化信息互联，可以帮助实现上下游产业链从物料具体供给方式到商业行为上的无缝对接。

物流中心内各种物流装备和系统的互联互通，对于物流装备供应商来说也包含巨大的商业价值。在工厂内正在运行并且实现工业互联的物流装备，可以将特征数据作为装备供应商分析客户的业务需求、设备升级、预测性维护等的宝贵数据依据。

各种新技术（诸如 5G、NB IOT 等相关的物联网赋能技术）都在快速发展中，这些都有助于物流要素互联互通的落地与实现。

1.2.4 柔性化

消费升级引起的制造业个性化定制化的生产方式要求制造业物流系统具有柔性化的特征，海量碎片化订单的商业物流也需要物流配送中心里的物流系统具有足够的柔性化。

传统制造业领域的自动化物流系统都是基于给定的物料单元、效率要求、搬运路线等设计的。由于未来制造业有很大一部分生产资源要满足个性化的生产需求，因此在未来工厂中，一定会有大量个性化的原材料、零配件、半成品、成品。从工厂物流的角度来看，未来定制化生产工厂里的物料是动态变化的，个性化的生产会导致物料的尺寸、重量、外形，物流的节拍、效率，订单的周期数量，库存的大小等随时调整。因此这就要求厂内物流系统要能自适应各种变化的物料单元的存储、搬运任务，即物流系统需要充分的柔性化。

商业流通领域中，随着近年来电商的快速发展，海量的、碎片化的订单特点和物流业务随着季节的变化呈现的极度不均衡性，都只能由柔性化的物流系统才能满足。

柔性化的智能物流系统可以完成系统的快速搭建和部署，以应对随时调整的物流业务，可以方便快捷地进行灵活配置以实现最佳的物流装备投资。

1.3 智能物流系统的构成

1.3.1 智能物流系统的架构组成

智能物流系统可以全部或者部分替代人力去完成内部物流的一些工作，同时可以实现人力无法完成的高速、高效、高精度、高密度等物流业务指标。

从物理的角度来看，智能物流系统具有可以自行实现物流业务相关的大量物料的移动的能力。智能物流系统究竟是如何按照一定的规则去操作这些物料单元的呢，我们可以从智能物流系统的构成进行分析。

智能物流系统的构成与人的构成类似。人首先要经过眼、耳、口、鼻、皮肤等"感受器"获取外界的信息，再传递给神经网络，最后将信息交给大脑中枢神经系统进行分析，大脑再反向将命令传递给外部器官去做出动作。一个大型的智能物流系统可能有几十万个设备、电动机、子系统、传感器同时在线，同时要掌控多至几百万的 SKU（stock keeping unit，最小存货单位）的移动，要使海量的物流单元和机构能互相协调配合并最终完成物料移动。如此复杂的工作背后同样需要有能接收现场信息的传感器，需要有一套强大的神经网络和中枢神经来分析物流任务的决策问题，需要有能去现场执行这些决策的执行机构。

经典的自动化金字塔结构就是智能物流系统的总体"神经网络"结构，如图 1-2 所示。

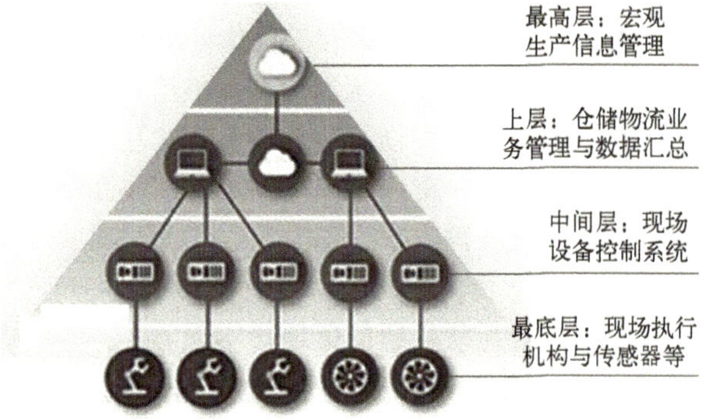

按照自动化金字塔的结构来看，智能物流结构主要包括如下。

1）最底层：主要包括各类现场执行机构，比如电动机、气缸、专机设备（堆垛机、输送机、机械手、AGV、机器人等），还包括布置于现场的各类传感器。

图 1-2　自动化金字塔结构

2）中间层：主要负责预处理现场收集到的信息并控制现场各类设备或者子系统，主要包括 WCS（PLC、DCS 等）、机器人调度系统等。

3）上层：主要负责仓储物流各环节的业务管理和数据汇总，主要包括 WMS、OMS 等。

4）最高层：主要负责上层与实际生产业务的宏观信息化管理，比如 MES、ERP 等。

从金字塔结构中可以看到，越位于底层，该层中要素单元越分散，与现场的物理实物越相关，该部分的实时性要求越高。比如众多的输送机分散安装在物流中心不同位置，系统实时采集输送机上的各类传感器数据，并驱动电动机快速做出传输动作。越位于高层，该层关注的数据更加偏重业务层面，与现场的物理实物结合越不紧密。另外，越高层的数据越偏宏观、越侧重于物流业务办理和数据统计。

从物流业务环节来看，智能物流系统由各环节的子系统或物流装备组合构成。典型的物流业务环节及其对应的智能物流装备或子系统主要包括如下。

1）收货和缓存环节：智能化月台调度系统、自动装卸系统、输送机缓存、垂直缓存系统等。

2）存储环节：托盘自动化立体库、Miniload 立体库、多层穿梭存储系统、垂直提升柜、密集存储系统等。

3）拣选环节：语音拣选系统、货到人拣选系统、货到机器人拣选系统等。

4）分拣环节：交叉带分拣机、滑靴式分拣机、机器人分拣系统等。

5）包装环节：自动打包机、自动装箱机、自动拆码垛系统等。

1.3.2　智能物流系统的底层要素

智能物流系统是指针对多个物流环节通过现代集成技术对物料按照具体物流业务实现智能

移动的系统。在构建智能物流系统之前,需要对每个物流环节的业务进行详细分析,选择最佳的物流装备或者子系统来匹配实际的物流业务。在对各环节需要用到的物流装备的选型和功能定义时,必须要对如下三个底层要素深入理解后,才能搭建出适合的智能仓储物流系统。

1. 物料单元

不论是智能物流系统进行物流服务还是人工物流作业,都是对某种或者某些物料进行存储或搬运的过程。在这个过程中,主体是人或者智能物流装备(或系统),客体是各种要被处理的物料单元。要想使物料能被按照某种预期移动(比如搬运效率高、省力、分流等),对物料的详细研究分析必不可少。

不同的物料由于形状、重量、堆放方式、存取频率等的不同,会导致在仓库存放或在不同工位间搬运时也会有很大的差异。比如有些物料需要采用货架的形式存放,有些物料需要多个打包放到周转箱内存放,有些物料太重必须要用叉车托运,有些物料比较轻便适合用纯人力抱运。

分析不同物料的物理属性是智能物流系统建设最基础的一步。从基本物料出发,选择正确的标准容器作为物料单元,不但有助于物流业务流程标准化,也有助于智能物流系统的部署。而对物料单元进行身份标识的各种手段诸如二维码、RFID,则是实现物料数字化管理的第一步,也是搭建智能物流系统的基础。

2. 物流上下游

一个智能物流系统,不论是复杂还是简单,都是由多个物流装备互相配合协同作业,实现物料单元的智能搬运和存取的。在搬运和存取过程中,物料单元是从一个物流设备输送或者装载到另外一个物流设备,以此类推,直到物料单元被传递到目的地。

在实际应用场景中,上下游的关系并非是一成不变的,有时候会发生变化。上游可能会变成下游,下游可能会变成上游。因为智能物流系统中设备的物料搬运能力往往是双向的,比如仓库有入库也有出库;工位有需要加工的原料进入,也有加工完毕的半成品或成品要原路返回。所以,上游下游的角色经常是互换的。

上下游关系就如同人体的经脉一样贯穿全身,对上下游的理解和分析就如同学习各专业课之前的基础课一样重要,也是在智能物流系统前期设计时必须要明确的。

3. 物料搬运方式

物流中心的作业都可以归结为搬运和存储两种,而存储又可以认为是一种特殊的搬运。因此,对搬运方式的分析也就是对物流各环节作业方式的分析。各物流作业环节合理搬运方式的选择,是成功搭建智能物流系统的必经之路。

一个完整的智能物流系统,不会只由一种搬运形式组成,往往是多个离散式搬运子系统和连续式搬运子系统利用各自的优势和特点来实现整个系统功能的完整性和资源配置的合理性。

选择合理的物料搬运方式,可以以最低的装备投资成本,获得最佳的物流业务作业需求匹配,达到最高的物流吞吐量和最便捷的上下游装备对接等。

目前某些前沿的智能物流技术在研究如何将离散式搬运和连续式搬运的优势结合在一起,形成既有柔性和机动性,又具有高效性能的智能搬运解决方案。

1.3.3 智能物流系统的基础技术

从系统底层逻辑来看，智能物流系统要处理好两个方面的问题：物料流和信息流。

物料流主要是指解决物料的存放和搬运问题。具体包括何种条件下可以让物料单元移动；如何让物料单元按照各种搬运工艺要求移动，如加速、减速、匀速等；如何让物料准确到达指定位置等。

信息流主要是指能对系统中所含有的设备、子系统及其所有的物料单元的状态、位置、数量、历史数据、任务记录等数据进行跟踪和管理；上位机对物流作业过程中的数据进行运算后做出运筹与决策。

物料流主要是解决如何正确地使物料进行"动"和"静"，使用的技术主要包括驱动技术、感知技术、定位和导航技术、闭环控制技术等。

信息流主要是解决从信息生产到信息传递，再到信息处理的过程。使用的技术主要包括传感器技术、网络技术、数据库技术、数据分析技术等。

1.4 引入智能物流系统的意义

2019 年 12 月 18 日，京东的"东莞亚洲一号"正式投入使用，目前其是亚洲规模最大的一体化智能物流中心。"东莞亚洲一号"建筑面积近 50 万 m^2，单日订单处理能力达 160 万单，自动立体仓库可同时存储超过 2000 万件商品。

即使是对数字不敏感的普通人，也会对上边提及的这些数字感到非常震撼，比如"160 万单""2000 万件商品"等。面对这么大的业务量，如果没有智能物流系统，很难想象得需要多少人力才能完成。

其实可以用以上的数据大概估算一下，如果是采用纯人力的话，每天的仓库工作量会有多大。单日订单 160 万单，按照一天 24h 来算，平均每秒要给客户发货 18 个订单。而每个订单又同时包含了多个商品，假设平均每个订单含有 5 个商品，就相当于每秒要完成 90 个商品的出售。

另外，为了保证实时供应，假设在仓库里的每件商品都可以被存放到一个 400mm×600mm×200mm 的标准周转箱。为方便查找商品，通常一个周转箱里主要存放同类产品，2000 万件商品就需要 2000 万个周转箱。

由于客户下单后，需要库管员从箱子里人工拣货出库。假设箱子可以摞到人能方便够到的高度，即摞 7 层，约 1.4m 高。若箱子一个挨着一个地平铺在地面上，每两个箱子之间需要预留一个可以用来拣货的行走通道，如图 1-3 所示。这样 2000 万个箱子，除以 7 层，总共约需要 150 万 m^2 的空间。而这 150 万 m^2 只是用来存放货物的仓库空间，事实上卸货、入库、暂存、出库、拣选、打包、装车都需要足够的空间才能开展业务，至少需要 300 万 m^2 以上才够。这么大的占地面积折算成用地成本，也必然是个天文数字。

图 1-3 人在仓库拣选周转箱示意图

由以上的假设和计算来看，很多企业在特定的业务情境下，不得不采用智能物流系统。当然，是否引进智能物流系统，对于不同的企业和组织，做出决策的依据是不一样的。如果是小型生产企业，大部分产品都是手工制作的情况下，要建设一个自动化立体仓库显然是不合适的；而对于像京东这样的物流中心，不利用先进的智能物流系统是无法带给消费者快捷便利的网购和物流服务体验的。

总体来讲，引入智能物流系统的意义主要集中在下面几个方面。

1.4.1 降低物流运营成本

"管理就两件事，降低成本，提高效率。"德鲁克如是说。可见成本是首先要考虑的问题。

对于任何一个企业来说，不论是买台计算机还是引进一套软件，都需要有成本的考量。如果是台标准的 PC（个人计算机），企业也许要考量的是这台计算机的采购价格、使用年限等因素。而如果是一个智能物流系统，那引进系统带来的成本可能就需要从很多维度来综合考量了。

1. 降低土地成本

在各类起重机械和叉车发明之前，人类也无法想象在仓库里能将很重的物品摆放到几米的高度，更无法想象有立体仓库和堆垛机这样的装备能将商品存放到 20 多米高的空间上。

像前文关于"东莞亚洲一号"的假设与推算一样，随着国内经济的变化和发展，土地的成本越来越高，同样面积的一块土地，对它的利用率自然是越高越好。而对于仓库来说，占地面积一定的前提下，货物往高处存放就成了必然，因为土地价格是按照平面计算的，垂直高度方向上无需额外费用，如图 1-4 所示。

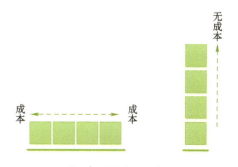

图 1-4　占地费用示意图

同样的占地面积，平铺式存放可容纳 1000 个托盘，如果能往高处叠摞存放 3 层，那就相当于能存 3000 个托盘；如果能往高处叠摞存放 10 层，那就相当于能存放 10000 个托盘。反过来讲，如果库存需要存放 10000 个托盘，能往高处存放 10 层，本来需要 2000m² 的占地，现在只需要 200m² 就可以实现，占地成本直接减少了 90%。这种降低占地成本的方法，企业自然会倾向采用。而往高位存储的能力不能通过企业管理手段和个人能力来实现，只能依靠先进的智能物流装备来实现。

由于高位存储能极大地节省占地空间，有效降低土地使用成本，所以从高度空间上"要好处"的方式，在节省成本上就显得格外有效。随着工业革命的到来，人们逐步发明了各种能替代人工作业的工具，帮助人们实现了对高度空间的充分利用。从最原始的纯机械的起重机到后来的叉车再到经典的高位堆垛机，人们将空间的利用高度从几米一直提升到了十几米甚至更高。其中，高位存储最典型的就是由堆垛机组成的自动化立体仓库。通常的托盘式立体仓库能达到 20m 的高度，也就是十几层的托盘被垂直地存放到同一块地面上，极大地降低了用地成本。

人们知道了充分利用空间的好处后，不断地想出各种极致的利用空间的办法，包括不断地增加提升设备的提升高度、不断地缩减垂直空间上预留的安全空间、不断地减少设备运行时占用的通道空间等。比如现有的超高堆垛机、垂直升降柜、各类密集存储系统（见图 1-5）

等，都是向空间"要好处"的有益尝试。

2. 降低人力成本

任何的社会活动都离不开人的参与，人在工作中创造价值的同时，也要消耗一定的资源。对于一个企业来说，每个员工都是一项人力成本。如果人力成本大于由人力创造的价值，企业就需要考虑通过各种方式来降低人力成本或者增加人力创造的价值，而"机器换人"就是一种降低人力成本的方法。

对于企业来讲，要"养活"一个员工的主要成本有基本工资、员工福利和其他的管理费用。相对而言，要"养活"一个机器的主要成本有首次购机和安装费用、运行的电费和维保费用。

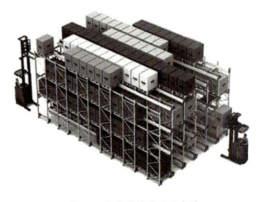

图 1-5　密集存储系统示意图

按照时间的长短（n 年）来计算企业需要投入的费用：

人员费用=（基本工资+员工福利+管理费）$\times 12 \times n$，如图 1-6 所示。

机器费用=首次购机和安装费+（电费+维保费）$\times 12 \times n$，如图 1-7 所示。

图 1-6　人工成本费用分布

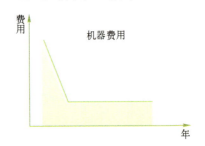

图 1-7　机器投资费用分布

人工费用需要企业持续地支出，而机器费用是前期投入大，后期持续支出比较小。两种费用放到时间轴上一起比较可以发现，当过了某一年后，人工的总支付费用开始比机器的总支付费用高。

有相关的调研机构已经有专业的分析数据，工业机器人成本回收期已经接近 1 年，如图 1-8 所示。并且随着人力成本的增加，以后部署机器人的成本回收期会越来越短。与此同时，很多企业面临的问题却是即使增加薪酬，也难以招到合适的员工。包括智能仓储机器人在内的各种物流装备在物流中心的很多作业环节和应用场景下都可以替代人工去履行物流服务了。长期来看，"机器换人"也是大型仓储

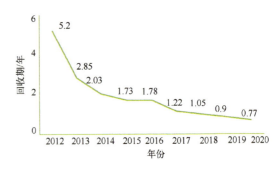

图 1-8　工业机器人成本回收期测算

物流中心降低成本的必要手段之一。

3．降低管理成本

管理成本是指为组织和管理生产活动发生的材料、人工、劳动资料等的耗费。为制造产品发生的管理费用与生产产品的产量没有直接关系，不计入产品的制造成本，而会作为期间费用冲减企业当期的收益。

在仓储物流环节中，相关工作人员要对物料单元、物流任务、物流订单等做大量管理工作。从收发货到入库、出库、搬运、打包等一系列的环节都离不开物流人员的组织和管理。生产制造企业里一定不会缺少物流部门，而物流部门常规工作过程中发生的费用，其实就是围绕物流作业而产生的管理成本。对于商业物流中心而言，运营发生的成本费用90%以上是围绕物料发生的管理成本。

现代企业中，为降低物流管理成本，有一些采用物流外包的方式，即将企业内部的物流管理工作移交给第三方专业公司来运作，企业支付相应的服务费用即可。

我们可以将第三方提供的厂内物流管理服务视为一个黑盒，企业将收到的物料交给第三方，取物料时，企业只需要提出需求就可获得自己需要的物资，厂内物流黑盒示意图如图1-9所示。而在黑盒里的所有操作，包括物料的存放、出入库、基本管理等，都由第三方负责。

智能物流系统就相当于能提供物流服务的第三方黑盒。一个非常典型的例子就是企业采用自动化立体仓库对物料进行存储和出入库。这里我们可以将自动化立体仓库当作提供物料存储服务的第三方黑盒，黑盒内部负责所有物料的存放和管理工作，而企业的员工只需要将物料放到黑盒出入口即可，如图1-10所示。

图1-9　厂内物流黑盒示意图

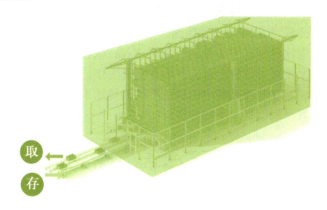
图1-10　自动化立体库黑盒示意图

未采用自动化立体库黑盒做物流服务时，为了完成物料的存储和出入库工作，企业要组织和管理相应的设施、人员、工具等，因此每天必须要发生间接的管理费用。采用黑盒之后，立体仓库自组织物料的所有出入库动作、自组织管理物料的存放、自组织管理其内部的所有物料的存储信息和业务流程信息。在这一系列的复杂管理过程中，企业无须再支付因未采用黑盒而产生的间接管理费用。

采用智能物流系统是将企业内中部分人与人之间的业务转变为了人与机器的业务。而人与人之间的业务往往伴随着潜在的管理成本，机器的参与则大幅度地降低了这一潜在成本。

总之，从成本的角度考虑，企业可以按照一定的时间年限，综合自身的用人成本、土地成本，机器的采购成本和管理成本等，决策出适合自己的经济投资方式。随着社会的向前发展，采用智能物流系统将会是大多数企业降低成本的一项重要措施。

1.4.2 提升物流服务效率

随着现代工业的发展，企业之间的竞争除了看谁能提供更高性价比的产品或者服务外，更重要的一方面在于效率的比拼。效率的竞争体现在企业运营的各个方面，生产线上体现在产品下线的速度，服务环节体现在服务响应的时间，物流环节则体现在出入库或者拣选等作业的速度上。

采用智能物流系统带来的效率提升体现在两个方面：一是物料移动效率的提升，二是物料管理决策效率的提升。

1．物料移动效率提升

蒸汽机的发明和诞生就证明了采用设备可以帮助人们完成人力不可能完成的一些任务，而现代工业化的装备往往能将人力生产力放大成千上万倍。

物流环节中的各种智能物流装备将物料的搬运效率提升到了不可思议的程度。一组皮带输送机可以在 1min 内在两个距离很远的车间内连续搬运上百个料箱；一个交叉带拣选系统可以在一个小时内完成 5 万件单品的拣选（见图 1-11）；大型物流配送中心里的一套类 Kiva 机器人系统可以顶替上百人的拆零配货工作。

图 1-11　高速交叉带分拣系统

智能物流系统中的装备不仅跑得比人快、提升物料比人高、搬得重量比人大，而且还会一直平稳运行，不知疲倦。

2．管理决策效率提升

在有人参与的各工作环节中，哪怕是极其琐碎的工作，一定要伴随着人的判断和决策才能使工作向前推进。而人的判断和决策是需要消耗时间的。

当货物抵达工厂或者物流中心时，人需要判断和决策当前来的车辆要停靠在哪个收发站台；卸货时，需要判断和决策当前收到的货物该搬运到收货区的哪个区域；入库时，需要判断和决策应该先搬运哪批货物和当前的货物应该放到仓库的哪个货位上；出库时，要判断和决策需要的物料究竟在货架的哪个位置上、是否要开高位叉车才能取货、开叉车出库该穿行 A 车间还是 B 车间才最省时间、打包的不同物料该用多大的包装盒最合适、什么时候安排装车发货等。出库场景如图 1-12 所示。

一个物流环节的作业规模越大，需要判断和决策的问题就越多，并且问题与问题之间关联性越复杂。此时，单纯靠人力短时间是无法给出最优解的，甚至靠再多的人也无法拆解完问题并给出正确的决策。而这种流程性和逻辑性的问题是非常适合计算机来解决的，智能物流系统中的各类物流管理软件通过内嵌的算法可以轻松地应对复杂的物流作业决策问题。

智能物流信息管理系统实时地掌握仓储物流中心各环节的所有数据，可以轻松地指派当前的车辆应该停靠在哪个收发月台、可以轻松地指派立体仓库将当前的入库货物存放在货架的哪个位置上，还可以轻松地根据当前的订单分配作业方式。几十万条作业的判断和决策在几毫秒内就可以完成。智能物流信息管理系统通常在 PC、PDA、PAD 等硬件上完成人机交互，如图 1-13 所示。

图 1-12　出库场景

图 1-13　智能物流信息管理系统

1.4.3　增强服务质量

"多、快、好、省"是大众对企业提供服务的美好期望。在厂内物流环节中，采用智能自动化系统可以在"快"和"好"两个方面做出贡献。

用户下单后，越早能获取到商品，越觉得企业提供的服务高效，越愿意持续与企业交易合作。

月台自动装卸过程

从工厂或者物流中心收到完好无损的商品是最基本的服务质量要求。厂内物流环节基本上是使货物产生垂直和水平方向上的位移，货物在移动过程中必然会受到各种外力作用，如振动、撞击、挤压等。这些外力很容易使货物包装和货物本身受损，如损坏、变形、破碎、散失、流溢等，如图 1-14 所示。

如果是纯人工作业，只能通过轻拿轻放的方式来保证商品的完好性，而轻拿轻放必然会导致作业效率的低下。物流装备的运行是通过事先设定好的程序来执行相同的动作，并保证物品完好无损，同时不会降低作业效率。如自动化装卸系统就比纯人工装卸作业对于物品的保护可靠，如图 1-15 所示。

图 1-14 人工物流装卸作业

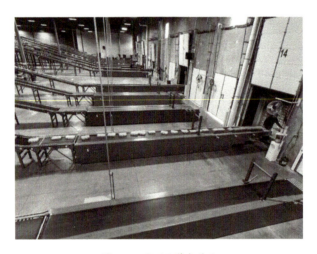

图 1-15 自动化装卸作业

1.4.4 确保生产安全

在物流活动中确保劳动者、劳动手段和劳动对象的安全非常重要。物流作业中，货物要发生水平和垂直的位移，不安全因素比较多。实践表明，物流活动中发生的各种货物破失事故、设备损坏事故、人身伤亡事故等，相当一部分是在人为操作过程中发生的。特别是一些危险品，在作业过程中违反操作规程进行野蛮作业，很容易造成燃烧、爆炸等重大事故。而智能物流系统可以做到 24 小时无人平稳运行，通过技术手段降低。

1.4.5 特殊工况下的需要

由于某些行业的特殊工况，人类无法工作或者无法长时间工作，进而导致企业面临招工难的问题。这些特殊行业采取智能装备来实现"无人化"生产是必然的选择，其中当然也包括智能物流系统的应用。

1. 低温工况

冷库一直是物流行业很重要的应用领域，通常用来存储食品、药品、化工材料等对温度有严格要求的物料。冷库温度通常在-30~5℃，冷库内的物料通常会有时效性的要求，因此会有频繁出入库作业、分拣作业、拣选作业等。而人是很难在这么低温的环境下长时间工作的，采用智能物流系统实现冷库内部的各项物流作业操作是个必然的选择。

2. 高污染工况

有些工厂生产的产品本身具有挥发性，或者生产过程中易产生粉尘类的污染物，而这些弥散在空气中的物质会对人体造成很大的伤害。此类工况环境下的物料在各道工序之间的搬运工作也很难采用纯人工的方式来实现。

比如在玻纤（玻璃纤维）制造车间，由于玻纤生产过程中会产生很多细微的玻璃毛绒物质，进入人体肺部后会引发肺部的疾病。因此在玻纤、化纤（化学纤维）类的制造业工厂里，通常的物流搬运和产品存储都是由智能物流系统来完成的。

3. 高噪声工况

噪声也是一种污染，人很难在超过 80dB 的环境中长期工作。而工厂内的物流搬运装备不会有"听觉"的困扰，可以自行连续运行，保证物流的服务和生产物料的供应不受影响。

4. 高温工况

诸如钢铁行业这种高温的作业环境下，各环节都适合用自动化的设备来替代人的工作，物流作业也不例外。采用智能物流系统为高温环境下的制造过程提供物料周转，是非常有必要的。

5. 无尘工况

与上述的各种恶劣工作条件相反，有些行业的工作场景是由于生产工艺对环境要求极高，需要无尘无菌的环境。此种情况下，在车间内工作，人反而成了一种污染源。比如电子行业或者医药行业就需要生产过程中要保证绝对的清洁，如图 1-16 所示。

在清洁的环境中，可以大幅度提高半导体、医药品等产品的精确度和可靠性。因此，在无尘车间内部，采用专业的智能搬送设备可以避免出现尘埃，还可以在高度自动化生产过程中拥有绝对的可靠性。采用智能物流系统能有效避免由于搬运作业带来的对精密生产造成的质量影响。

图 1-16 无尘车间自动化输送

第二章 智能物流系统的底层要素

技术应用建立在对行业工艺深入了解的基础上，智能物流系统在搭建之前要对物流作业的底层要素做颗粒度的分析。

2.1 物料单元

不论是人工作业物流还是依靠智能装备作业的物流，本质上都是对物料的操作过程。在这个过程中，主体是人或者物流设备，客体是要被处理的各种物料单元。分析不同物料的基本属性是智能物流系统建设最基础的一步。

当前社会的商品极为丰富，不论是在电商的仓库里，还是在生产企业的工厂里，都有数量庞大、种类繁多的物料。不同行业、不同应用场景下的物料也有各自不同的特征，如五金仓库存放形状不规则的工器具、原油集散中心存放不同圆柱形状的油桶、钢厂存放大型的钢制品、制衣工厂存放大批柱状的布匹等，如图 2-1 所示。

这些不同的物料由于形状、重量、堆放方式、存取频率不同等导致在仓库存放或在搬运时也会有很大的差异。有些物料适合采用货架的形式进行存储，有些物料被打包起来一并放到周转箱内存放。有些物料太重必须要用叉车托运（如图 2-2 所示），而有些小件物料由于轻便适合纯人工抱运。在同一个仓库内，可能由于存放的物料品类太多而无法采用统一的方式存放，人们不得不根据实际业务情况将不同的物料进行分区和分方式存放。

图 2-1 柱状物料单元

图 2-2 托盘类物料适合用叉车搬运

由此可见，由于物料的不同物理属性，会直接影响仓储物流系统的存放和搬运方式。在智能物流系统设计时，首先要细致深入地分析本物流中心内要处理的所有品类的物料特性。

2.1.1 物料的物理特性

感性认识往往是人类认知事物的第一步，也是后续进一步解决问题的基础。这个规律对于工厂或者物流中心内的物料搬运存储问题同样适用。要对所有的物料有较合理的管理，首先要对物料进行感性上的了解，了解物料的外形尺寸才能知道用什么样的容器存放最合理，了解物料的形状是否规则才能知道如何存放可以达到最佳的空间利用。

对物料的感性认识其实就是对物料基本物理特征的认识，通常从如下几个方面入手。

1. 外形特征

物料的形状不但直接影响物料的存放方式，很大程度上也影响库存的容量、搬运的效率和系统的吞吐量等。不同的物料外形隐含了很多额外的信息，而这些信息又是物料存放搬运必须要考虑的。比如圆柱形的油桶，最好是立式存放，如图 2-3 所示。否则油桶容易滚动，不便于物料的搬运。如果工艺要求油桶需要横放的话，则需要一些特殊的卡具来辅助存放，如图 2-4 所示。又比如像零件一类尺寸较小的物料，种类繁杂，任意一件被拣取的随机性都很高，这种场景下，通常会将这些零散不规则的零件集中放到一个存储容器中，如图 2-5 所示。

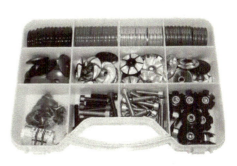

图 2-3　柱状形油桶立式存放　　图 2-4　油桶借助卡具进行横式存放　　图 2-5　零散不规则物料单元

有些物料在某个方向上的尺寸很突出，比如钢管的存放和搬运就需要充分考虑"长"这一特点。需要有针对性地采用一些特殊的工具或者容器，诸如采用悬臂式货架来对钢管类物料进行存放保管，如图 2-6 所示。有些行业的物料非常大同时又有一定规则形状，如造纸厂的纸卷在下线后，通常有 1t 多重，直径能达到 1.5m 甚至更大，如图 2-7 所示。同时纸卷又是圆柱形的，因此常规叉车由于叉具不匹配无法对纸卷进行叉取搬运。

针对这种特殊的物料，需要采用特殊的夹具配合安装到现有叉车才能对其进行搬运，如采用夹抱的方式或者采用串杆穿过中心卷轴的方式，如图 2-8 所示。

图 2-6 悬臂式存储

图 2-7 纸卷类物料单元

图 2-8 特殊夹具

2. 码放方式

大部分的物料不论是在仓库里还是在容器中存放,往往都不是单个存在,而是按照某种方式与同品类其他物料堆放在一起(仓库或者容器里)。有些场景下物料的不同码放方式,会对后续物流各环节的作业产生巨大的影响。合理的物料码放能产生意想不到的效果,会更加节省空间,提升搬运效率或者增强拣选的便利性等。

以节省空间为例,小孩子搭建类的玩具很好地说明了这一问题。比如图 2-9 中的积木块,如果将各种不同形状(颜色)的积木块按照规则拼起来的话,能形成一个形状规则并且体积最小的长方形块。但如果随意放置的话,总体积可能要多出 30%,甚

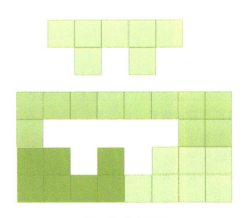

图 2-9 积木收纳

至更多。因此，如果一个物流中心的仓库采用不合理的物料存放方式，也可能会造成30%以上的空间浪费。当然，实际情况中的物料码垛问题比积木块的例子要复杂得多。由于生产管理的一些原因，某些不同品类的物料必须要集中放置在一起。此时，如果不提前规划合理的码放方式，就有可能需要多预留一定的库存空间来存放这些物料。同时，若物料的码放方式不合理，也可能会间接导致搬运效率的大幅降低。

仓储物流业务由于行业或工艺的不同，物料最合理的码放方式也不尽相同，并非只是将物料紧密码放到一起这么简单。比如一个物流中心进行智能化改造的时候，由于业务的要求，不同的物料需要采用不同规格的容器来存放，而选用的容器又要能够兼容市面上成熟的物流装备，系统不能采用太多不同规格的容器以免带来管理上的混乱……有众多的约束条件后，如何能够最大化地利用容器的空间，最大限度地使整个系统的使用率达到最优、物流效率达到最高、与物流装备有最好的兼容性等，并非简单的事情。

码放方式除了要考虑合理地利用空间外，还要考虑如下几个方面的因素。

（1）码放的稳定性

物料的移动过程要保证物料不被损坏，多个物料子单元码放到统一容器时要保证整体的稳定性。如码放箱类物料时，经常会采用层与层之间错叠码放的方式，这样可以使上下层箱子之间互相作用在一起，在搬运过程中不容易散掉，增加整体的稳定性，如图2-10所示。

（2）方便物料信息提取

某些物料上有条码类的标识信息需要录入物流信息管理系统，这就要求所有的物料单元在码放时将条码等信息朝外摆放，如图2-11所示。这样的码放方式在仓库存放时容易实现库存盘点，在输送线上被输送时也方便条码阅读器读码。

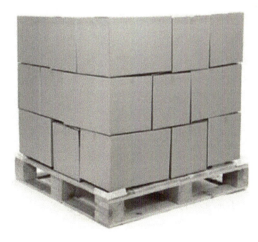

图2-10　码垛时的错叠码放

图2-11　标签置于物料的外侧

（3）方便物料快速提取

拣选出库是物流作业中很重要的一个环节。拣选出库是指系统根据当前的出库订单找到正确的物料，将其从仓库中从成批的物料群中提取。提取是否便利会影响拣选作业的效率。比如托盘类的物料单元被码放到货架上时，托盘之间通常要保留一定的间距，便于单个托盘上下货架而不受左右其他物料的影响，如图2-12所示。

（4）与智能物流装备的兼容性

智能物流系统中的装备负责处理各类物料，物料微小特征的差异会导致智能装备的技术实现难度的巨大不同。如工业机械手拆垛时，希望物料箱码放时互相之间保留一定的间隙，如图2-13所示，便于常规夹具兼容，使自动拆垛过程很容易实现。

图2-12　货架为托盘预留一定取放距离

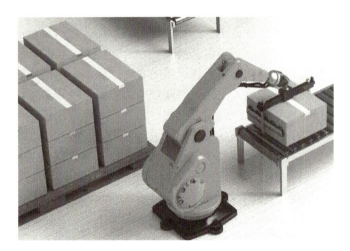

图2-13　机械手码垛时留间隙

（5）业务便利性

有些物料的出库作业与物流业务的订单直接相关。如客户下单都会有自己企业的采购标准，因此仓库内的物料码放时需要根据客户订单的数量要求来码放，如图2-14所示。一个托盘上只码放13个或者看似很不规则数量的物料，其背后的原因可能是客户发来的物流订单要求如此，便于快速出库。

2.1.2　物料的信息特性

从仓库出库一个物料，首先得知道这个物料在仓库里有没有，数量有多少，在仓库里的哪个托盘上，这个托盘在仓库的什么位置等。众多的物料随着物流作业一直在周转移动，给物料的跟踪管理带来很大挑战。因此，对物料单元进行信息标定是非常有必要的，可以有效地帮助管理人员管理物料，为智能物流系统提供物料的基础数据来源。

图2-14　为便于计数而码垛成不规则形状

1. 物料的身份标识

如同给每个人赋予一个身份证一样，每个物料单元也需要能唯一标识的"身份证"。物料的"身份证"通常采用的是条码、二维码或RFID标签，如图2-15所示。每个标签里都存储有该物料唯一标识的号码或者其他信息。

图 2-15　常见的标签：条码、二维码，RFID

条码、二维码、RFID 或其他信息载体都有各自的优缺点，可以根据具体的应用场景来选择合适的标识方法。比如 RFID 标签适合批量读取物料标识的应用，RFID 标签本身可以存储一定容量的信息，并且可以直接在 RFID 标签里读写信息；缺点是 RFID 标签成本高，若使用不当，会有数据误读或者漏读的现象。

2. 物料的信息关联

标签的信息量通常是有限的。比如条码标签，被条码枪扫描后，读取到的信息只是一串号码。如果对这串号码不赋予一定的含意，那对物料管理没有太大的实际意义，因为人们不可能记住那么多号码组合来判断究竟对应的是哪个物料单元。因此，要利用好每个标识，就需要专门的管理软件。

仓库常用管理软件为 WMS，每个物料单元的标识在 WMS 系统里都可以查到对应的身份信息。比如条码号为#22323 的标签在软件里登记的是一箱 100 袋的感冒冲剂，在仓库里任何时候出现这个号码，都可以通过软件或者 App 终端查询到这个号码对应的物料详细信息，如图 2-16 所示。

图 2-16　条码扫描与后台软件

同时，物流管理软件又可以基于这个标识衍生出更多其他的功能。比如可以将条码对应的物料在发生事件的同时，记录是谁引发的当前物流作业事件的、是什么时间发生的、发生物流作业的时候还伴随哪些其他条码物料等。如图 2-17 所示，条码号为 00500501 的物料单元通过软件的多个功能，可以实现基于物料单元的多角度、全方位的信息管理和物料单元跟踪。常见的物流信息管理系统如 WMS 就是这样设计的。

3. 二维码和 RFID 的特殊应用

对于条码来说，如果没有软件背后提供的关联数据，贴到物料单元上的条码号只是一串数字而已，而很多管理软件是只针对企业内部使用的，软件仅仅部署到局域网内部，也就是说，离开了物流中心，管理软件是无法使用的，那也就意味着物料上的条码只能是串数字而无法使用软件并解析出关联的物料信息。

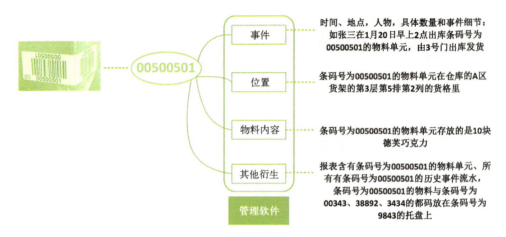

图 2-17　物料信息管理示意图

有些应用场景，物料单元会被打包发货离开本地，物料抵达第三方之后，由于业务的要求，第三方也想获取当前物料的更多详细信息，而不是仅仅一个条码编号而已。这种情况下，可以想办法使标识存放更多的信息，减少对物流管理软件的依赖。二维码和 RFID 可以一定程度上解决这个问题。

通常的一维条码只能存放 30 个字符左右的信息，而二维码可以存放最大 1850 个字符的信息。采用二维码作为标识时，可以存放除了编号以外的更多信息，比如物料的具体型号、生产厂家、时间等，如图 2-18 所示。而这些信息只存在二维码里，与网络和软件没有关系。因此，只要二维码存在，不论物料单元在仓库、企业内部还是终端客户手里，只要扫描二维码，就可以获取存在二维码里的所有关于物料的信息。

与二维码可存放更多的数据类似，RFID 标签也可以存放更多字节信息。不同的是，RFID 标签可以多次改写其中的内容数据，如图 2-19 所示。因此，RFID 可以反复在不同的物料单元上使用，更加灵活，并可以批量读写。

图 2-18　二维码标签　　　　　　　　图 2-19　RFID 标签数据读取示意图

4. 其他

由于企业历史遗留问题或者特殊业务要求，某些应用场景无法在物料单元上粘贴条码、二维码或者 RFID 等标签。但是为了管理物料，仍旧需要对物料进行识别和标定。此时，可以考虑提取物料自带的物理特征来作为其身份标识。比如物料单元上只有文字或者图片的标签,可以通过视觉识别系统提取标签中的关键信息对物料进行身份认定,如图 2-20 所示。再比如不同颜色的物料单元存放不同的物品,则可以提取出物料单元的颜色来作为物料的属性标定,如图 2-21 所示。这样的情况通过视觉识别系统或者颜色传感器就很方便实现。

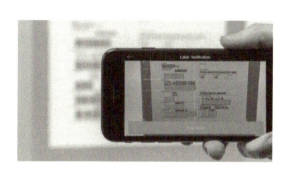

图 2-20 物料通过文字来标定

图 2-21 物料通过颜色来标定

2.1.3 物料的标准化

各行各业都有不同的标准。汽车的品牌有几百种,但是不管哪个品牌生产出来的产品,整体上差异性并没有那么大,这其实就是标准在起作用。物流服务中,也同样存在必要的标准。

物流各环节的标准化,能极大地提升物流的效率,并且在宏观角度能节省大量成本。物料单元的标准化是物流服务体系中很重要的措施,也是智能物流系统搭建前需要考虑的因素之一。

本书讲述的物料单元的标准化更加偏向于采用统一标准的物流容器来使厂内物流能高效、低成本的运行,使各种不同品类的物料统一标准化到一种或者少数几种的容器中。一堆杂乱的零件不论是存放还是用皮带传送,放置在标准物料容器里一定要比之前方便和高效很多。常见的标准容器有托盘、周转箱(如图 2-22 所示)、瓦楞纸箱等。在实际应用中采用哪种标准容器,要综合多方面的因素,主要包括如下几个方面。

图 2-22 周转箱的标准化存放

1. 成本因素

采用标准物料容器单元由于要覆盖到大批的物料,因此,单个标准物料容器的成本控制就显得非常重要。100 个物料容器的成本高低可能无关紧要,但是上万个标准物料容器的成本就完全不一样了。另外,物料容器选定并投入使用后,如果物流中心后续随着业务的增长,容器的需求量可能会呈指数级的增长,若此时再选取新的标准容器,可能会遇到各方面的阻力,得不偿失。因此在物流项目建设的前期,对标准物料容器的选择上要充分考虑成本因素,并要有一定的长期战略考量。

不同的材质对应的成本不同,钢制品一般会比塑料制品成本高,非标的容器也要比标准的容器成本高。比如塑料周转箱如果是非标的设计,至少需要多支付一笔开模费用。另外,物料容器的选择也要考虑标准容器是只在内部物流循环使用,还是当作订单包装发货出去后就不再在内部循环了。如果是长期在内部物流循环流通使用的,物料容器可以选择成本稍微高一点并且结实的;如果物流容器主要为外部流通使用,则可以考虑结实但是只适合单次使用且成本低的容器即可,如图 2-23 所示。

图 2-23 外部流通的托盘

2. 容量因素

一个物料单元的容量越大,系统越容易满足高吞吐量搬运的要求。如某个工位每次需要搬运 200 个水杯,如果物料容器的容量为 100 个水杯,那只需要搬运两次就可以满足工位的要求。如果物料单元的容量为 40 个水杯,那就需要搬运 5 次才能满足工位要求。

但是物料单元容量大在带来高效的同时,可能会遇到灵活度不足的问题。比如某个出库订单需要两种水杯各 40 个,如果物料单元的容量为 100 个水杯时,那就需要对两种水杯的物料单元进行分别拆零 40 个再重新组合在一起出库。而如果物料单元的容量为 40 个水杯,那只需要分别直接搬运两种杯子的物料单元即可出库,减少了拆零的环节,提高了效率。

另外,物料单位的容量大小也要考虑体积和重量等因素。若体积不合理,可能会影响物流搬运的某些环节。比如选择的托盘尺寸如果不合理,在装车时可能无法充分利用车厢的空间,又或者因物料单元容量选择较大而引起整体货物高度太高,导致在物料搬运时无法通过某些建筑或者设备。物料单元满载后的重量也需要充分考虑。如果物料单元太重,会导致物流系统内的某些设备无法承载。比如额定载重 1t 的叉车无法叉取 1.5t 的托盘重物;再比如周转箱满载后若达到 30kg 以上,而周转箱又需要纯人工搬运,那么这个载重量对于人工来说是很难处理的。

3. 设备兼容性

同样尺寸的标准物料容器市面上通常有多个细分品类。比如 400mm×600mm 的容器,可以选塑料周转箱,可以选择带盖或者不带盖的,也可以选择金属制品,也可以选择帆布袋等。

物流装备对于容器的微小差别是很敏感的,不同设备适用于不同的物料单元。比如尺寸、重量、颜色、凹凸特征等物料单元的属性不同,能匹配使用的物流装备也不一样。因此,如果现有一些物流设备,比如叉车、打包机、搬运机器人、输送机等,那就需要考虑新引入的标准物料容器是否与设备兼容。如果新建的物流中心要采用智能物流系统,选择标准物料单元时也需要考虑是否能兼容市面上现有的主流物流设备,或者要考虑物料单元在属性上是否更加符合自动化设备的存储和搬运。比如外形规则的物料单元比不规则的物料单元在物流作业上更加容易实现自动化,硬包装(料箱)要比软包装(袋子)容器更加容易实现自动化处理,表面平整的物料比不平整的物料更加容易被机械手实现自动拆码垛等,如图2-24所示。

4. 信息兼容性

对于物料单元的管理离不开信息跟踪。常见的方法是条码技术和RFID技术在物料单元本体上的标定和应用。对于条码的应用场景,应尽量保证条码粘贴在物料单元牢固、清晰可见的合理位置处,要保证条码方便读取且不易受损,如图2-25所示。

图2-24 机械手吸盘处理平整纸箱

图2-25 条码与托盘

而对于RFID标签,在应用中应尽量避免标签在多金属介质和液体介质场景中使用。因此,在选择托盘为标准物料单元时,尽量不要选铁质托盘而要去选塑料或者木制托盘,否则可能会影响读取托盘RFID标签信息的效果,造成漏读、误读的可能。

5. 其他

除了考虑上边提到的物料标准化的因素外,物料容器的选择经常还要考虑标准容器最大承重,容器的内尺寸、外尺寸、有效尺寸,还有堆码承重等因素。

2.1.4 物料的数量统计

不论是库存的管理还是物流作业效率的计算,都需要对物料的数量进行统计和分析。数量的统计有助于管理人员对生产进行实时的决策管理,也为物流服务在引入各类智能物流系统的规划提供量化设计的依据。

在牛奶生产过程中,工厂的销售人员和生产线人员更多关注的是生产线每天能生产多少吨的奶产品。对于生产物流的人员来说,更加关注的是以托盘为单位的物料数量,比如每小时入库200个托盘,而不是每小时入库200t牛奶。从业务数据到物料单元数据的转换,对于厂内智能物流系统的建设和管理有着非常重要的意义。

在建设智能物流系统前期，通常要统计和分析如下几个方面的数据。

1. 各区域的物料单元存放量

各区域物料单元存放量的表述方式不同。比如 A 仓库可容纳 2000 个托盘；某工位上的临时存放区最大缓存数量为 100 个料箱；每个拣选工位要预备 50 个料箱当作待拣选物料等。

2. 各区域的物料单元进出量

各区域的物料单元进出量的表示方法有：在仓库区每小时进出仓库多少托盘；每小时要往多少个托盘码垛多少个箱子；每小时每个卸货口要装车多少个料箱等。

3. 去向不同区域间的物料单元量

去向不同区域物流量的示例：仓库每小时接收托盘 100 个，每小时出库到 1 号车间 10 个托盘，每小时出库到 2 号车间 20 个托盘，每小时接收从打包车间来的 50 个托盘。

4. 物料拆分/合并后的物料单元量

物料拆分/合并后物料单元量的表示示例：在打包工作区域，每小时收到 200 个标准物料盒，打包到托盘上后（每托盘 20 箱），每小时从打包工作区搬运出去 10 个托盘。

5. 空物料单元量

空物料单元在智能物流系统前期设计时是很容易被遗忘的内容。不论是存储量统计还是物流效率计算，都应该统计空物料单元的量。比如库内要预留多少空料箱备用，打包区域每小时要提供多少个空托盘；再比如机械手拆箱工位处，每小时要运走多少个被抓取物料后的空料箱等。

6. 平均值和峰值

以上提及的各种统计数据中要同时计算这两个数据：平均值和峰值。平均值主要用来为智能物流系统前期设计中分析常规物流业务时提供数据依据，峰值主要用来在特殊业务要求情境下的设计提供参考。

2.2 物流上下游

一个智能物流系统不论其有多复杂或者多简单，都是由多个物流装备互相配合，从而实现物料单元的搬运和存取的。在搬运和存取过程中，物料单元从一个物流设备上被输送或者装载传递到另外一个物流设备上，以此类推，直到物料单元被传递到最终目的地。等到下次有新的搬运指令时，物流系统将这个物料单元移动到该次任务的最终目的地。

智能物流系统中的上下游关系就如同人体的经脉一样贯穿全身，环环相扣的上下游组成了完整的物流系统。

从物料单元的角度来看，在被搬运过程中，物料先被作用的物流设备称为上游设备，物料后被作用的物流设备称为下游设备，如图 2-26 所示。

从物流设备的角度来看，给本段物流设备输入物料的设备称为上游设备，而本段物流设备将物料输出后，来接收这些输出的物料的物流设备称为下游设备，如图 2-27 所示。

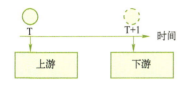 

图 2-26 上下游示意图（一）　　　　　　图 2-27 上下游示意图（二）

对于物流装备上下游的衔接情况，存在如下几种情况。

（1）1 个上游，1 个下游

如图 2-28 所示，物料从斜坡输送机被运输到水平输送机，斜坡输送机称为上游设备，水平输送机称为下游设备。图例中的上游和下游是一一对应的，物料单元从唯一的上游被输出后，又被唯一的下游设备接收。

（2）多个下游，1 个上游

如图 2-29 所示，在分拣主线输送机上输送物料单元，根据不同的属性物料单元被分流输送到三个不同的支流输送机。因此，主线输送机称为上游物流设备，三个支流输送机称为下游输送机，三个支流输送机接收主流输送机分配输出的物料单元。这是典型的 1 个上游对应多个下游设备的情况。

 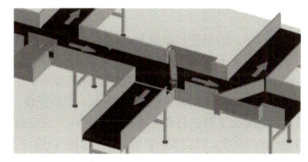

图 2-28 输送机上下游　　　　　　　　　图 2-29 分拣系统上下游

（3）多个上游，1 个下游

如图 2-30 所示，一个自动化立体仓库在入库作业时，有多组不同高度的输送机供给托盘作为立体库的入库站台。因此，图例中多个输送机称为上游物流设备，立体库称为下游物流设备，立体库可以接收来自不同输送机的来料托盘，此例为典型的多个上游对应 1 个下游的情况。

（4）多个上游，多个下游

在全自动的物流配送中心有图 2-31 所示的包裹拣选方案：多台工业机械手将包裹抓取后放置到多台地面分拣机器人上，分拣机器人将包裹搬运到系统指定的分拣目的地。此例中机械手称为上游物流设备，分拣机器人称为下游物流设备，上下游对应关系为多台机械手对多台分拣搬运机器人。多个上游对多个下游的方案通常应用在上下游设备都是离散搬运设备的应用场景下。

图 2-30　立体库上下游

图 2-31　机械手对应分拣机器人的上下游

2.2.1　上下游衔接

智能物流系统由多个上下游设备组合而成，物料单元被各种物流设备不断地从上游搬运到下游。在上下游设备的衔接过程中，要保证物料单元能顺利地从上游设备过渡到下游设备，主要从如下几个方面来考虑。

1. 物理衔接

物料单元的属性，如重量、尺寸、外形特征等决定了上游设备和下游设备的某些机械特征。而由于上下游设备的功能不同，各自又有一些独特的特性，因此某设备要与上游或者下游设备衔接时，首先要考虑在物理上能否兼容。

比如上游输送机输送的是 1200mm 宽的托盘，下游的输送机如果只能输送 400mm 宽的料箱，此时上下游在物理上是不匹配的，无法完成搬运任务。再比如上游设备的出口位置在 3000mm 的高度，则要求下游设备的入口也必须在 3000mm 的高度以便于物料的上下游衔接。

在某些应用场景下，由于现场条件和生产工艺的特殊要求，下游设备无法与上游设备直接进行物理对接，此时可以采用一些中间过渡设备来衔接上下游。如图 2-32 所示的提升机可以将不同高度的上下游设备衔接起来，辅助完成不同高度间的物料传递。

2. 控制系统衔接

物料单元在上下游设备上过渡时，上下游设备需要对物料单元做出"一接一送"的配合动作。这里提到的配合主要通过上下游设备的控制系统来实现。上游设备在输出物料时需要下游设备及时做出接收物料的动作。如果下游设备由于满载或者故障等原因导致不能接收物料时，上游设备需要自行停止。在下游设备具备接收条件后，上游设备恢复执

图 2-32　采用提升机衔接上下游

行输出物料动作。上下游设备的动作配合都需要控制系统的准确控制。

上下游的控制不只是启动、停止这样的简单配合,也需要上下游更加复杂的衔接匹配,比如上下游搬运速度的匹配、时间或者角度上的匹配等。由于上下游的对应模式可能是1对多或者多对多,在上下游进行动作匹配之前,要进行上下游设备控制系统的衔接,以确保"一接一送"的动作的准确性。

3. 效率衔接

理想的上下游关系是能力互相匹配的,即上游输出的物品能被下游及时高效的接收。不论是上游输出能力过强还是下游接收能力过强,都是物流作业能力过剩,会造成资源浪费。另外,如果上游输出能力高于下游接收能力,即实际生产中有大量的物料从上游设备输出时,由于下游设备接收物料能力不足,会发生上游物料堵塞的情况。

比如上游设备每小时输出 100 个托盘,下游采用搬运机器人将上游托盘搬运入库,搬运机器人每小时只能搬运 50 个托盘,就会发生由于下游搬运机器人效率低造成上游托盘堵塞的情形。此时需要将下游的效率提升至与上游匹配的程度,比如采用增加搬运机器人数量的方法。

几种典型的上下游效率匹配情形如图 2-33、图 2-34、图 2-35 所示。

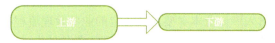

图 2-33　上游效率高于下游效率

图 2-34　上游效率低于下游效率

图 2-35　上下游效率等效

4. 信息衔接

上下游的物流设备在搬运各种物料单元的同时,还传递各种物料信息。物料信息可能是条码、二维码或者 RFID 标定的物料编码信息,也有可能是非常简单的一些状态位,如"已处理完""已加热"等状态信息。而智能物流系统中物流设备的有些搬运动作恰恰是要基于物料的信息数据才能执行的。如在分拣线上,需要告诉物流设备当前装载物料单元的信息后才能决定该去哪个下游分拣格口。

由于成本和一些其他的因素,某些应用场景下并不需要在所有的物流设备上安装获取物料信息的传感器。如果安装传感器的上游设备已经对物料单元进行了数据读取,后续的下游设备可以随着上下游衔接的过程,将物料信息伴随着搬运过程一并传递。这样下游设备在接收物料单元的同时,也获取了当前物料的信息数据。

2.2.2　缓存衔接

不论在工厂还是仓储物流中心,经常会有如下的情形发生,某些工位需要物料进行加工时,上游却无法及时地供给。通常能有效解决这种未及时供应物料的办法是给本环节的上游增加物料缓存设施。缓存是解决上下游短时能力不匹配的一项重要措施,也是研究物流系统上下游关系的一项重要内容。

在物流中心经常会设有作为缓存功能的区域，比如收发货区往往就有一定的缓存功能。在发货区存放的商品，可以直接存放在仓库内，而不需要单独再占用其他的空间来存放。但是，一方面由于要提货的货车到达物流中心的不可预知性，另一方面货车到达后通常希望马上提货装车，因此如果要发货的物品存放在仓库内，则首先需要消耗一定的时间将物品出库，再算上将出货的物品搬运到货车上的时间，显然时效性不理想。

如果提前将未来要发货的物品存放到一个离发货月台比较近的临时缓存区域，效果就会好很多。只要提货货车到了月台，商品就可以直接从就近准备好的临时缓存区域直接搬运到货车上，这样极大地提高了商品发货的时效性。因此，物流中心的发货业务如果需要高时效性，就可以在发货的上游设置发货缓存区来解决。

同样地，有些环节是物料需要尽快地往下游输出，而下游由于工位搬运距离远或者生产工艺上的一些限制条件，导致无法满足时效性的要求。这样的场景下，可以在下游设置缓存区来满足本环节物料快速输出的要求。

物流中心通常会在月台附近设置收货暂存区。由于送货车辆抵达物流中心时，希望快速将本车的所有物品完成卸货，而这些物品的最终存放位置是仓库。但由于仓库距离月台较远，同时入库作业本身要遵循一定的业务管理流程，因此如果直接从月台将货物搬运入库，时效性会不理想。为了解决这个问题，最佳的办法就是，在货车卸货环节的下游设置收获缓存区，即在月台附近划定一片区域作为收货缓存。这样每次月台卸货可以将卡车上的货物直接搬运到缓存区，有效地解决了月台快速卸货的需求。

1. 需要设置缓存的上下游场景

（1）离散式与连续式的上下游衔接

事实上，在智能物流的各种方案和系统中，缓存的设置是非常常见的。由于物料的搬运方式有很多是属于离散式的（比如 AGV 搬运、机械手抓取、立体堆垛机等），而离散式搬运每次循环作业都需要一定的时间，有一定的周期性。若与离散式搬运对接的下游是连续式搬运，由于连续式搬运的效率较高，则在对接的某些时间段内会有衔接的效率要求。连续式搬运超过了离散式搬运每次循环搬运效率时，就需要在上游或者下游设置一定的缓存。

比如机械手自动码垛系统里，通常执行码垛环节的工业机器人要处理的上游物流有空托盘和被码垛的商品盒。商品盒是被连续输送到本环节的，效率较高。当码垛机器人将本托盘码垛完整后，希望紧接着开始下个空托盘的码垛。若每次上游只能给机械手供给一个空托盘，则在每次开启新托盘的码垛时，都需要搬运设备去空托盘存放处搬运一个到码垛工位处才能正式开始下一轮码垛。这样在每次搬运空托盘的时间内，机械手就只能停滞等待，导致整体码垛效率降低。为减少中间等待时间，通常会在码垛机械手工位处配置一个空托盘缓存区，能快速地给码垛机器人供给空托盘。为了节省空托盘占用的空间，通常采用拆盘机将空托盘一个个拆出来后，供给码垛机械手。

上游连续高效搬运来的商品盒无法在任何时刻都能马上被码垛到各个托盘上，当有大批的商品盒移动到机械手处时，需要给商品盒设置缓存。一方面可以使机械手随时抓取上游物料，不至于由于没有上游商品盒而导致码垛停滞；另一方面在机械手等待空托盘就位期间，不会由于机械手不工作而引起上游商品盒的堵塞，如图 2-36 所示。

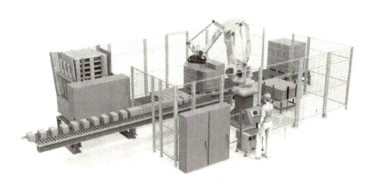

图 2-36 码垛系统缓存设置

（2）离散式上游与离散式下游对接

由于离散式搬运过程是周期性的，这意味着离散式搬运环节不论是与上游还是与下游衔接时都存在周期性。如果上下游都是离散式搬运，那上下游环节只有在两个离散式搬运设备都处于正好对接的位置和时机时才能完成上下游衔接。这样不论对上游还是下游都会存在一段等待对方的时间，导致整体物流效率低下。因此在离散式搬运进行上下游衔接时，通常会在两者之间设置一个缓存，来解决衔接时效问题。

比如在智能物流系统中经常会遇到用 AGV 与立体库对接的解决方案。AGV 和立体库的堆垛机不会直接成为上下游对接的双方，而是在两者之间设置一段缓存输送机，如图 2-37、图 2-38 所示。这段输送机可以存放若干个托盘，以保证工作连续性，消除 AGV 或者立体库的等待时间。

图 2-37 立体库库端缓存　　　　　　图 2-38 AGV 对接立体时设置缓存

以入库为例，AGV 搬运一个托盘到立体库入库位置，在没有设置缓存输送机的情况下，如果此时立体库堆垛机正处理上一个入库任务，此时 AGV 就需要在此等堆垛机完成任务并返回到入库位置，堆垛机才能将 AGV 上的货物取走入库。以上过程中，AGV 就有停滞时间，上下游衔接效率低。如果在两者之间设置一个入库缓存输送机，AGV 到达入库位置时，只需要将托盘放置于输送机后即可离开执行下一个托盘的搬运任务，同时堆垛机完成上个任务后可直接从输送机上将该托盘入库。这样通过设置一个缓存，同时消除上下游离散式搬运设备的等待时间，如图 2-39 所示。

图 2-39　AGV 对接立体时有无设置缓存的对比示意图

2. 缓存量的设置

有一道经典的数学应用题如图 2-40 所示：水龙头往一个水池注水，水的注入速度为 a m³/h。与此同时，另外一个水龙头将水池内的水排出，水的流出速度为 b m³/h，如果两个水龙头同时打开，问多久能使这个水池填满？

这个问题与前边提到的智能物流系统中的上下游匹配关系类似。注水水龙头类似于上游物流设备，泄水的水龙头类似于下游物流设备。如果上游输出效率高，下游接收效率低，则上游会发生堵塞的情况。对应到水池问题，如果 $a>b$，过一段时间后，水池就会被注满，最后溢出水池。相反如果 $a<b$，则不论开多久的水龙头，水池都不会满。

水池的设置类似物流系统中缓存的设置。在实际生产中，某些时间段上游涌入大量的物料单元，同时上游设备效率又高于下游设备，此时就需要将物料临时存储在缓存区内等待下游物流设备逐步"消化"。

上游和下游同时不停地输出和接收物料，缓存内的物料数量也会动态地发生变化。通过一个比较长的周期来观察缓存，会发现某个时刻对应的缓存内的物料最多，而此刻对应的物料单元的数量就是该缓存应该设置的缓存量。

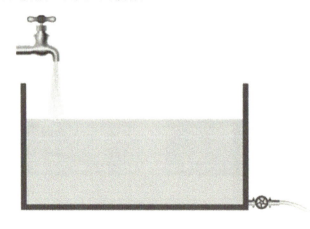

图 2-40　水池注水泄水示意图

2.2.3　上下游效率

一套智能物流系统，从整体来讲是由多个上下游的环节组合成的。因此如果要分析整个物流系统，可以拆开分析这一系统内各环节的所有上下游物流设备的情况。生产效率是工业设备和系统很重要的一个参数，在智能物流系统中对效率的分析就显得尤为重要。

分析某一段物流环节的效率，可以先从分析这一段物流环节中各上下游设备之间的衔接关系入手。

与 2.2.2 节中讲述的水池注水的例子类似，一段物流环节的效率分析也可以类比成水管组的水流效率分析，如图 2-41 所示。

图 2-41　上下游水管示意图

上游的水进入由各种管道组合而成的水路中。管道的输送效率与管道的管径大小相关。管径大的输送能力强，管径小的输送能力弱。而从整体来讲，整个管道系统的输送能力由最小的管道决定。最小的管道的输送能力如果是 10L/min，别的上下游的管道即使能力在 1000L/min 甚至更高，整体的管道输送能力也不会高于 10L/min。与水管组合同样的道理，某段物流系统的总体吞吐效率取决于最小吞吐能力的某个物流设备。这与英文中效率瓶颈一词"bottleneck"正好一致。

不过需要注意的是，与管道里的水不一样的是，智能物流系统中的物料单元是可变的，经过某些环节，物料可能变多，也有可能变少。比如自动化码垛过程中，上游来的 20 箱物料被码垛后，到下游出来时，物料就变成了 1 个托盘，物料量的转化率为 20:1。这样下游 1 个物料的吞吐量相当于上游 20 个物料的吞吐量，下游的物流效率要求显著降低。类似在自动化的拆垛过程中，上游来的 1 个托盘被机械手拆垛后，到了下游物料变成了 30 个料箱，物料量的转化率为 1:30。这样，下游 30 个物料的吞吐量相当于上游 1 个物料的吞吐量，下游的效率要求显著增高。

2.2.4　典型的上下游模式

众多物流技术专家认为，智能物流装备从功能上主要分为输送搬运、分流、合流、缓存、处理等几类。下面重点介绍分流、合流、装配合流、拆散分流和缓存等特殊衔接方式，及它们的典型应用。

1. 分流

分流的主要功能是上游主路里的物料，根据一定的条件被分配到不同的下游设备。从效率上来讲，上游的吞吐效率等于所有下游的吞吐效率之和。物料在经过主路与各下游衔接点之前，系统要根据物料的信息，如条码或者其他状态信息来判断是否要触发衔接点处的分流机构动作,进而将该物料导入到该去的下游支路。

几种典型的分流示意图如图 2-42 所示。

在实际应用中,常见的此类物流设备如下。

1）物料专机分道模块如图 2-43 所示。

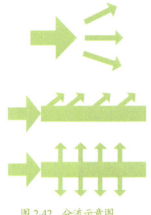

图 2-42　分流示意图

图 2-43　物料专机分道模块

2）滑靴分拣机如图 2-44 所示。

3）垂直移栽分拣模块如图 2-45 所示。

图 2-44　滑靴分拣机

图 2-45　垂直移栽分拣模块

滑靴分拣机

柔性分拣机器人

4）Pop-Up 移栽分拣如图 2-46 所示。

5）柔性分拣机器人如图 2-47 所示。

图 2-46　Pop Up 移栽分拣模块

图 2-47　柔性分拣机器人

6)交叉带分拣机如图 2-48 所示。

2. 合流

与分流刚好相反,合流的主要功能是将不同上游支路的物料合并到同一条下游主路内。从效率上讲,各上游支路的物料吞吐效率之和与合并后的下游主路吞吐效率相等。在合流的过程中,最重要的是不同支路的物料在合并过程中要避免发生碰撞。因此,在上下游控制过程中,要非常准确地控制好各上游支路在输出物料时的时机和在进入下游时各物料之间的间距。

图 2-48 交叉带分拣机

常见的合流有如下两大类。

1)合并入到原有的一路如图 2-49 所示。

2)合并到新主路如图 2-50 所示。

垂直移载机

Pop Up 移载机构

交叉带分拣机

图 2-49 合并到原有的一路

图 2-50 合并到新主路

3. 装配合流

在上下游衔接方式中,还有一类合流比较特殊。通常的合流作业中,合流之前的上游物料和合流之后的下游物料的数量是一样的,没有发生变化。而有一类合流的上下游物料数量是会发生变化的,这里简称为装配合流。最常见的装配合流应用为自动化码垛过程和自动装箱过程。

装配合流的上游至少有两种物料单元,而且其中一种物料单元是可以当作容器的。在装配合流过程中,其他的物料会合并进入物料容器中,到下游设备时只剩下容器物料。从效率上来讲,装配合流的下游效率不会高于用于供给容器物料的上游支流效率。

如图 2-51 所示,上游有三条支路,一条支路为托盘,一条支路为纸箱,一条为防滑纸。经机械手码垛后,装满纸箱的托盘变为下游唯一的物料单元,而下游的效率不会高于上游托盘的供给效率。

图 2-51　自动码垛实现装配合流过程

4．拆散分流

与上述的装配合流相反的是拆散分流，即将上游的物料拆分成不同的物料，然后进入到不同的下游支路。下游的某些支路效率可能会远远高于上游的物料供给效率，也会有某些支路的效率低于上游效率。

常见的应用场景有机器人拆垛和自动化拆箱过程。

5．缓存

缓存是用来解决上下游临时效率无法匹配的情况，比如上游的物料临时存放在缓存里，等下游可以接收物料时，再将缓存里的物料搬运到下游设备中。缓存要完成两方面的功能：储存和输出。存储要解决在有效的空间内尽量多存放物料，而输出要解决下游需要物料时，缓存能根据下游的需求，定时定量地供给物料。

缓存主要有连续式缓存和离散式缓存两大类。

（1）连续式缓存

输送机是一种经常被用来当作缓存的物流装备。各类缓存输送机为了将物料紧密地存储在输送机上以提高空间存储率，经常采用滚筒积放的方式作为缓存，如图 2-52 所示。

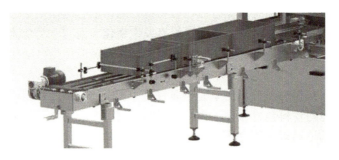

图 2-52　输送机作为缓存

为了有效利用占地面积并尽可能地多存物料，也有采用螺旋输送机的方式作为缓存，如图 2-53 所示。

图 2-53 螺旋输送机作为缓存

（2）离散式缓存

仓库也可以被理解为一种缓存。与连续式缓存不同的是，每个物料是单个独立地存放到不同的位置。缓存存储和输出物料的工作，需要专门的离散式搬运设备完成，如图 2-54 所示立体库堆垛机。

图 2-54 仓库作为缓存

2.3 物料的搬运方式

物流中心的作业活动主要包括搬运、存储、拣选、分拣、包装，装卸等。这些作业归根到底都可以归结为搬运和存储两种，而存储又可以认为是一种特殊的搬运。因此，对搬运方式的分析和选择也是智能物流系统在搭建前必须要明确的。

在分析物料的搬运方式之前，先来看一下日常搬运水的问题。

在还没有自来水以前，每家每户都需要到集中打水点去打水。每次挑两桶水倒回自家的水缸后，接着挑着空水桶再次返回打水点。如此往返循环，直至将自家的水缸盛满。

随着现代工业技术的进步，自来水被引入到千家万户，人们无须再像以前一样一桶一桶地来回去挑，水可以直接通过自来水管道流到家里。与挑水不同的是，自来水管道里一直都有水，人们也无须蓄水，需要水的时候，只需要拧开水龙头就可以马上取到水。

以上两种方式同样都是取水，我们可以分析一下两者的区别。

挑水的特点有如下 7 点。

1）人是运水的载体，水随着人的往返循环，从打水点 A 被搬运到家 B。
2）人每次挑水的量是一定的。
3）人返回的时候是空载的。
4）水缸在间隔一定时间才能收到水。
5）可以多人一起挑水，挑的人越多，水缸满得越早。
6）不需要建专门挑水的路，不占用公共资源。
7）人的机动性高，打水点换了位置也没关系，人移动到新的打水点取水即可。

自来水的特点有如下 7 点。

1）水管是运水的载体，水管是不动的，水顺着水管从 A 点到 B 点。
2）没有"每次"的概念，水是连续的。
3）水管是一直有水的，没有空的情况，即没有返程的概念。
4）只要水龙头打开，水可以连续流出。
5）通常只有一根主水管到 B 点，水的流量决定于水管的粗细。
6）为了不占用人们行走的路面，水管需要铺设在地下或者其他不占用公共资源的地方，需要不小的投资。
7）如果水源的位置发生了变化，有部分管道需要重新铺设。

通过以上的对比，我们可以将取水方式简单总结为如下两种。

1）机动离散式。
2）固定连续式。

这两种取水方式很直观地反映了物流系统的两种搬运方式。比如从生产车间搬运料箱到仓库，同样的作业流程可以采用两种不同的方式：一种是采用叉车多趟搬运，每趟搬运若干个料箱；另外一种方式是在车间和仓库之间搭建一台输送机，将料箱放到输送机上，输送机自动将料箱输送到仓库。

这两种不同的搬运方式在智能物流系统里可以分别称为：离散式搬运和连续式搬运。

2.3.1 离散式搬运

离散的一个突出特征是"可数"。对于离散式搬运，我们可以很轻易地数出当前搬运设备在某段时间内搬运了多少趟、每次搬运了多少物料单元、总共搬运了多少物料单元。

假如离散式搬运要完成的任务是搬运物料从 A 点到 B 点，那在 B 点接收物料的节拍大致如图 2-55 所示。

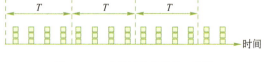

图 2-55 B 点接收物料节拍示意图

从时间轴上来看，B 点接收到的物料单元是周期性的、可数的、离散式的。在上图 2-55 中可以很轻易地得出单位周期时间内的搬运效率。

在智能物流系统中，离散式搬运设备（系统）非常多，常见的有叉车、AGV、穿梭车、提升机、堆垛机、机器人等。

AGV 高位存储

1. 离散式搬运效率的概述

由离散式搬运的特点可以得知，离散式搬运系统的整体效率由如下几个因素决定。

1）搬运设备的运行速度：v。
2）搬运设备的单次承载量：l。
3）搬运设备的数量：n。

AGV 上下电梯

其中搬运设备的数量 n 较为特殊，v 和 l 属于搬运设备自身的参数，而 n 产生的搬运效率变化并非是 n 倍的增长，因为搬运设备之间在工作过程中会互相制约。

离散式搬运设备在运行期间都会占用一定的公共资源，比如通道、收货接驳权限、送货接驳权限等。多个设备同时运行时要互相抢占资源，因此 n 个搬运设备同时运行的整体效率会小于 n 倍单个搬运设备的效率。多个离散式搬运设备之间的制约往往会带来互相等待、设备绕行等影响。

2. 离散式搬运效率的计算

（1）A 点到 B 点的离散式搬运效率

对于离散搬运系统的效率计算问题，最简单直观的方法是让搬运设备按照图 2-56 所示将物料从 A 点到 B 点连续不停地搬运，在 B 点设置观察点并计数：在一定的时间 T 内总共搬运到 B 点有多少个物料单元。

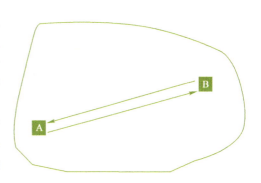

图 2-56 A 点到 B 点搬运示意图

时间 T 取值越长，平均效率评价越客观。比如在 20min 内观察到从工位 A 点搬运到仓库有 100 个料箱，那入库的平均效率经过计算可以得出为 300 个料箱/h。如果设置观察时间为 1 个小时或者两个小时，计算出来的平均入库效率会更加准确，同时能获悉搬运效率的峰值会出现在什么时刻。

实际情况中，我们并不方便在现场设置观测点并按照上边的规则去计数，但是可以按照已有的条件去估算物料的搬运效率。

在离散式搬运设备正常工作的工况下，有如下的已知条件。

1）搬运设备的性能特征：水平运行速度、垂直运行速度、单车单趟载货量、与上下游的接驳速度、多台设备之间的互相制约机制等。

2）搬运环境参数和特征：运行场地的尺寸、与其他搬运设备有交互时的交互速度等。

根据搬运设备的性能和搬运环境，可以得出单个搬运设备组成的搬运系统的搬运效率为：

$$N = \frac{3600I}{T}$$

式中 N 为搬运系统的搬运效率，指每小时搬运物料单元的个数，单位为个/h；I 为离散搬运设备单车单趟的装载量，单位为个；T 为单个搬运设备从 A 点到 B 点循环一次的周期时间，单位为 s。

若有 n 台搬运设备同时投入运行，由于设备之间会互相制约，因此综合来看每台设备的搬运效率都会有损失折扣，这里拟定损失折扣为 k。通常随着 n 的增加，k 的数值往往也会增加，即设备越多，由于要同时抢占更多的公共资源，从而导致每台设备的单台效率都会降低。

因此，n 台搬运设备同时运行时的搬运总效率为：

$$N = \frac{3600n(1-k)I}{T}$$

式中 N 为搬运系统的搬运总效率，指每小时搬运物料单元的个数，单位为个/h；n 为搬运设备的台数，单位为台；k 为多台设备并行时导致的损失折扣，$0<k<100\%$；I 为离散搬运设备单车单趟的装载量，单位为个；T 为单台搬运设备从 A 点到 B 点循环一次的周期时间，单位为 s。

设备运行周期时间 T 定义为：搬运设备从 A 点接驳到物料单元，再运行到 B 点并接驳到下游设备后，再次返回到 A 点，总共需要的时间。如果 A 点到 B 点的距离为 s，搬运设备周期搬运时间为：

$$T = \frac{2s}{v} + t_1 + t_2$$

式中 T 为设备搬运的周期时间，单位为 s；s 为搬运设备从 A 点到 B 点实际的运行轨迹距离，单位为 m；v 为搬运设备的平均运行速度，单位为 m/s；t_1 为搬运设备与上游的接驳时间，单位为 s；t_2 为搬运设备与下游的接驳时间，单位为 s。

实际工作中，计算 T 时可能要考虑的因素会更加复杂，主要有如下几个方面。

1）由于布局的需要或者是物流工艺的要求，又或者是为了减少离散式搬运设备之间的互相干扰，在很多物流场景下，从 A 点到 B 点走的路线与从 B 点返回 A 点走的路线是不同的，如图 2-57 所示。若从 A 点到 B 点运行时的路径距离为 s_1，从 B 点到 A 点运行时的路径距离为 s_2，则搬运设备周期搬运时间可以修正为：

$$T = \frac{s_1}{v} + \frac{s_2}{v} + t_1 + t_2$$

式中 T 为设备搬运的周期时间，单位为 s；s 为搬运设备从 A 点运行到 B 点的实际运行轨迹距离，单位为 m；v 为搬运设备的平均运行速度，单位为 m/s；t_1 为搬运设备与上游的接驳时间，单位为 s；t_2 为搬运设备与下游的接驳时间，单位为 s。

2）搬运设备运行时可能是多个维度的机构同时动作，也就是说既有水平运行又有垂直运行，此时需要取与上下游接驳过程中的最大时间，如图 2-58 所示。比如从起始 A 点运行到目的地 B 点时，设备需要同时做水平和垂直运行动作，设备到达 B 点水平位置处时，若垂直运行还未结束，则周期搬运时间需要计算水平运行时间再加上后续额外的垂直运行时间。

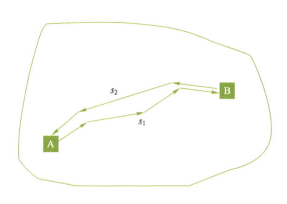

图 2-57 A 点到 B 点搬运示意图

图 2-58 高位 AGV 既有水平运动也有垂直运动

3）搬运设备在运行时可能会遇到一些与外部交互的场合，如图 2-59 所示，每次搬运需要在某个固定位置点等待一个人工的额外作业时间 t_3，此时 t_3 也要计算到周期搬运时间 T 内。

图 2-59 AGV 在拣选位置处等待人工确认

4）搬运设备在运行时也可能会将运行动作转移给第三方设备，第三方设备转移过程消耗的时间 t_4 也要计算在 T 内。比如搬运机器人在搬运托盘时，每次需要乘坐电梯到更高的楼层，乘坐电梯换楼层的时间也要被计算到搬运机器人的周期时间 T 内，如图 2-60 所示。

图 2-60 AGV 与电梯的接驳耗时

5）某些搬运设备的动作比较复杂，需要逐步分解动作计算各子动作时间。比如某些搬运设备需要转弯，如图 2-61 所示。转弯时的速度与直线运行的速度并不同，因此转弯过程的运行时间要单独计算。

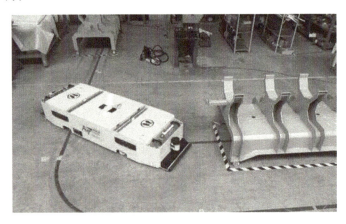

图 2-61　AGV 转弯耗时

另外，实际运行的搬运设备并不是一直以匀速运行的，有加减速的过程，因此总的循环周期可以根据实际的运行情况得到更加精确的计算结果。

（2）离散式搬运的上下游效率

在现实物流系统中，上游到下游的搬运往往不是一个简单的从 A 点到 B 点的过程。更多的情况是上游有多个点，下游也是有多个点。比如生产好的成品需要入库，产品出现在生产线的多个工位，如 A_1、A_2、A_3 处。入库的时候，成品不可能只存放于仓库内的同一个位置点，实际情况是不同的物料会存放于不同的库位，如 B_1、B_2、B_3 处，如图 2-62 所示。

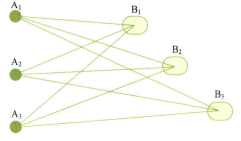

图 2-62　上下游搬运路径示意图

与计算从 A 点到 B 点搬运效率的方法类似，让离散式搬运设备连续不停地从上游搬运物料到下游，我们可以在 B_1、B_2、B_3 等所有的下游点观察并计数：在一定的时间 T 内，搬运到所有下游点共计有多少个物料单元。

另外也可以采用计算搬运周期时间间接估算效率的方法。不过，从上游 A_1、A_2、$\cdots$、A_m 个接驳点到下游的 B_1、B_2、$\cdots$、B_n 个接驳点，其中的运行路径不止 $m \times n$ 条，不同的复合行走搬运路径对应的搬运周期时间 T 是不同的。

我们此处以 2 个上游点和 2 个下游点为例进行具体说明。从所有的上游取物料并搬运到所有的下游，如果规定从 B_1 点出发，有图 2-63 所示的两种搬运方案。这两种方案中的路径并不相同，因此方案 1 和方案 2 虽然都已经遍历了所有的上游和下游，但是用的时间是大相径庭的。

事实上，如果出发点不是 B_1 点，而是 B_2 点，此时又会有图 2-64 所示的方案 3 和方案 4，路径也与上述的不同，两个方案用的时间也不同。

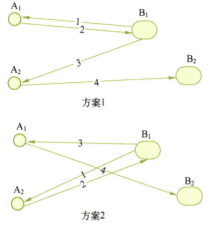

图 2-63 上下游不同遍历路径

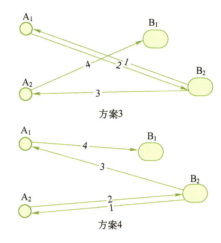

图 2-64 上下游不同遍历路径

此时，我们可以构建一个由 4 种不同方式组成的连续搬运路线：先按照方案 1 从 B_1 点出发搬运完成后回到 B_2 点，接着按照方案 3 从 B_2 点出发搬运完成后回到 B_1 点，然后再接着按照方案 2 从 B_1 点出发搬运完成后回到 B_2 点，最后按照方案 4 从 B_2 点出发搬运完成后最终回到 B_1。

通过以上 4 次不同的复合搬运作业构成的一组连贯搬运过程，完成了 4 次不同的遍历方式，涵盖了所有的上下游的搬运方案。如果 4 种搬运方案出现的概率平均，可以得到总的平均效率为：

$$N = \frac{2I \times 4 \times 3600}{T_1 + T_2 + T_3 + T_4}$$

$$= \frac{28800}{T_1 + T_2 + T_3 + T_4}$$

式中 N 为搬运系统的搬运效率，指每小时搬运的物料单元的个数，单位为个/h；I 为离散搬运设备的单车单趟装载量，单位为个；$T_1 \sim T_4$ 分别为 4 种不同搬运方案的搬运周期，单位为 s。

注：以上是将 2 对 2 的上下游组合中所有的搬运过程作为一个循环来计算搬运周期，其中的搬运路径总共计算了 16 次（其中有若干重复）。而实际中很多情况，上下游的数量要比 2 大得多，如果按照上边的计算流程来估算效率，计算的工作量会非常大。

如果有 m 个上游点和 n 个下游点，从某个上游点出发将 m 个上游点的物料遍历搬运到 n 个下游点，总共的搬运方案有 $n \times m!$ 个。例如有 10 个上游点和 10 个下游点，它们对应的搬运方案有 3628800 种。一方面做这么大量的计算难度巨大，另一方面，这么多的搬运方案作为一个整体搬运循环时间，对应到现实场景中的实际搬运作业也显得意义不大。

因此有必要找一种较为简单且能估算出大部分搬运情况下的效率的方法。

仍旧以 m 个上游点、n 个下游点为例，如图 2-65 所示。如果我们从上游只选择一个点当仅有的一个上游点（A 点），从下游只选择一个点当仅有的一个下游点（B 点），则所有可能的 AB 点组合有 $m \times n$ 种，我们将所有 AB 点组合对应的距离列出为 $d_1, d_2, \cdots, d_{mn}$；将所有的搬运距离 $d_1 \sim d_{mn}$ 按照大小进行排序可以得到图 2-66 所示的分布。

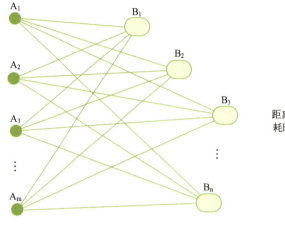

图 2-65　上下游不同组合路径　　　　图 2-66　不同路径耗时排序

如果选择最大的距离 d-max 对应的上下游作为 AB 点，在同样的搬运设备参数下，由此计算出来的搬运效率会偏低。此时要满足物流生产时需要的效率要求就必须要提高搬运系统的能力，比如增加设备数量、选择更高配置和性能的部件等，但这就意味着投资成本需要增加。因此，如果以最远搬运距离对应的效率作为系统搬运效率，最后会导致实际投资的物料搬运的能力过剩，因为实际的搬运作业不可能每次都是以峰值的形式出现。

如果选择最小的距离 d-min 对应的上下游作为 AB 点，在同样的搬运设备参数下，由此生成的效率会偏高。如果以此效率作为搬运系统的效率，则会导致系统的能力不足，因为实际搬运作业不可能每次都只是搬运距离最近的上下游点。

为了能有效地覆盖大部分的搬运情况，可以选择一个系数，比如 2/3 或者 3/4 的最大距离来估算系统的搬运效率，这样可以兼顾大部分的效率要求，并且也能避免出现搬运能力过剩的情况。

3. 离散式搬运效率的提升方法

离散式搬运设备搬运物料时，在空间上的运行速度随着技术的进步变得越来越快，比如自动化立体库中的堆垛机有的速度能达到 250m/min 甚至更高。但是由于搬运设备在执行任务时，会有返程空载的情况，在返程的时间内，并未有任何的物料参与，因此效率会一定程度的受到影响。

为了进一步提升离散式搬运系统的效率，参考前文的效率计算，可以从下面几个方面入手。
1）增加更多的搬运设备到系统中。
2）提升离散式搬运系统的物理运行速度。
3）提升单台设备的承载量。
4）让设备返程时做有负载的复合作业，减少空载的运行时间。

4. 离散式搬运的优势

参照前文中挑水的例子，可以总结得出离散式搬运系统的优势有如下几点。
1）离散式搬运设备往往灵活机动，占用的公共资源较少，仅为非全时占用，比如通道、门等。

2) 离散式搬运设备之间可互相冗余、可互相备份，系统鲁棒性好。

3) 相比连续式搬运，离散式搬运系统可以通过增加搬运设备的数量，更容易达到灵活扩容的目的。

4) 离散式搬运设备通常可以在本体上增加一些机构（设备异形改造），改造成本低，便于与多种上下游以不同的形式接驳物料单元。

5) 离散式搬运设备柔性化强，更有可能做成终极智慧化搬运单元，无须安装调试，可直接投入到新现场使用。

5. 离散式搬运的通信

由于离散式搬运系统的一个重要特点是机动性，也就意味着搬运设备可以通过自由移动的方式在不同的位置之间进行物料的搬运。由于设备本身具有不停移动的特点，因此如何解决移动通信的问题是个挑战。

（1）通信对象

1) 多台离散式搬运设备之间的通信。多台离散式搬运设备之间由于在共同完成一项总的上下游搬运任务，因此设备之间不可避免地会出现如下情况。

A．同时接驳同一个上游点或者同时接驳同一个下游点。

B．设备由于同时在移动，可能会同时移动到同一个位置，占用同一个公共资源（比如都要乘坐同一部电梯，都要通过同一扇门等）。

因此搬运设备之间要做到互相避让，互相遵守一定的运行原则，这样才能保证多台设备之间默契配合，最终共同完成搬运任务。而搬运设备之间可以互相通信是多个设备可以协同工作的前提。

2) 与上下游设备之间的通信。离散设备在从上游接收物料或将本体上的物料输出到下游时，在互相接驳动作之前，两者首先需要"接头"，确保上下游完全就位并具备接驳条件时，才能开始接驳动作。"接头"需要建立在移动的离散设备与上下游设备之间的良好通信条件的基础上。

3) 与上位软件的通信。为了更好地管理整个搬运过程，一个智能物流系统通常会有一个管理搬运任务和设备状态的上位管理软件，最常见的有仓库管理软件 WMS、仓库控制软件 WCS、搬运机器人调度软件 RMS 等。各种上位管理软件的功能都是建立在与现场环境中所有的搬运设备信息畅通交互的基础上的。上位管理软件下发的指令数据需要通信通道将命令传递到搬运设备上，同时，现场的搬运设备的当前状态和任务执行情况要实时地上传给上位管理软件。

4) 与第三方的通信。需要通过运动才能执行搬运任务的离散式搬运设备，在执行任务时，一定会占用一定的公共资源，比如某段时间要占用通道、占用电梯又或者是占用一道门。占用公共资源之前，离散式搬运设备需要与公共资源通信进而申请资源占用授权，公共资源允许后通知搬运设备，在完成占用后，搬运设备将释放信号再次通知给公共资源，以便公共资源下次为别的设备提供授权。

（2）通信方式

工业领域内通用的通信方式主要有两大类，有线通信与无线通信。传统的有线通信稳定性高，适用于固定设备。无线通信便捷、机动性高，更适用于移动设备。很显然，对于绝大部分的离散式搬运设备来讲，无线通信是较好的选择。实际上，由于离散式搬运设备在运行中位置在发生变化，设备带着一根通信线缆必然会给作业过程带来不便，从而影响离散式搬运设备的灵活机动性。

因此，为了保证离散式搬运设备的机动性，常采用的通信方式有如下几种。

1）无线工业以太网。

比较常见的无线网络搭建方式如图 2-67 所示。

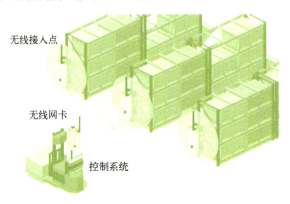

图 2-67　无线通信搭建示意图

离散式搬运设备本体上载有无线网卡并与设备车载控制系统连接，在现场运行环境中布置有若干个无线接入点 AP，AP 一边通过无线的方式与现场的离散式搬运设备连接并通信，一边可以通过有线的方式与其他的系统比如软件、非移动设备、第三方设备进行连接通信。这样通过 AP 的过渡，运动的离散设备可以一直与其他运动设备和非运动设备保持信息交互。

随着 5G 的来临和发展，不久的将来，通过在包括离散设备在内的所有设备或设施上直接配置 5G 芯片，这样可以借用已有的 5G 基础网络设施进行设备的互联。届时，无线通信方式已经泛化，所有不同属性的设备都可以很容易进行无线通信，最终达到万物互联。

2）红外通信。

有些特殊的应用场景下，由于无线网络无法准确限定网络覆盖的范围，出于信息安全的考虑，系统可以采用红外通信的方式。红外通信方式通常由 1 个发射端和 1 个接收端组成，红外通信终端如图 2-68 所示。两者之间通过直线红外感应来进行双向数据交换,安全性很高，无信息外泄的风险。

在实际应用中，一个红外通信终端随搬运设备一起通过工业总线接入搬运设备的控制系统中，另一个红外通信终端通过工业总线接入其他非移动设备的控制系统或者子网络中，从而实现移动搬运设备与整个系统网络的无线通信互联。

图 2-68　红外通信终端

值得注意的是，由于光直线传播的特点，红外通信两端必须一直在一条直线上，否则会发生数据中断。因此，红外通信不适合有拐弯运行的设备。

3）物理信息传递。

离散式搬运设备在运行过程中与其他设施进行数据交互时的数据内容有多有少，有些交互内容可能只是一些状态量如 0 或 1。比如搬运机器人需要通过某道门之前，需要给门传递一条开门的请求数据，这一通信数据只需要简单的状态量 0 或者 1 就可以完成。

由于数据量非常小，实际应用中，可以采用物理触发的方式来传递状态量。比如在门之前的某个位置安装类似于光电开关之类的传感器，并将传感器的信号通过 DC24V 控制线接入门的控制系统内。每次搬运机器人到达此处开关位置时，由机器人本体来触发开关，开关状态数据就会传递给门，这样就间接实现了开门的信息通信过程。

另外一些应用场景，也可以通过其他的物理方式来传递更多的数据，尤其是在数据固定不变的情况下，就更容易实现信息传递。比如 AGV 在运行中经过一个第三方的信息采集站，信息采集站需要采集当前 AGV 的标识，即当前通过的 AGV 的编号信息。此情形下，可以通过在 AGV 上贴条码或者二维码的标签，采集站自行采集所有路过的所有标识信息即可获取某个 AGV 的编号信息。这样一个简单过程就实现了 AGV 与采集站的信息通信功能。

4）动力线路通信。

离散式搬运设备有一大类是需要沿着既定轨道运行的，此类设备通常是通过图 2-69 所示的 AC380V 的滑触线来提供动力的。滑触线在提供动力的同时，也给信息通信提供了很好的物理基础。通过在固定设施端和离散式移动设备上分别安装主从通信站，经信号调制后可以实现直接通过 AC380V 的动力滑触线进行数据传递。

6．离散式搬运的动力供电

与前文讲述的离散式搬运中需要解决的移动通信问题类似，对于离散式搬运设备，如何给一直在移动的搬运设备提供动力也是一项挑战。随着现代工业技术的进步，目前给移动搬运设备提供动力的方式有如下几种。

（1）电池

电动汽车的普及率越来越高，其中起到关键作用的就是电池技术的极大进步。电池在智能物流装备里的应用也逐渐广泛，主要应用在需要移动的离散式搬运设备中。

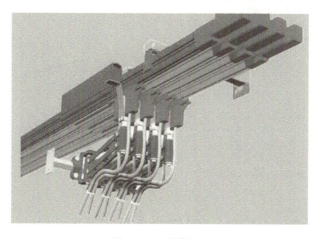

图 2-69　动力滑触线

在智能物流系统中，电池主要配置在 AGV、多层穿梭车、托盘搬运机器人、拣选机器人、穿梭板等设备上。常用的电池种类有镍镉电池、铅酸电池、铅酸铁锂电池、三元锂电池等。

电池是给设备的动作提供动力输出的，设备在不断运行过程中，电池的电能也逐渐被消耗掉。由于电池在移动设备上，电池的状态、电量、耗电过程可随着设备本身一同被上位管理软件监控，因此在电池的电量消耗到一定的设定值后，搬运系统就会提醒要对电池进行充电。

充电可以利用移动设备的机动性令其到指定充电站位置自动充电，如图 2-70 所示，也可以直接进行电池置换。

图 2-70　移动设备自动在线充电

（2）坦克链

有些应用场景下，离散式搬运设备的行程不远，也没有很多角度换向等动作，则可以继续采用传统的动力线缆的方式进行供电。为了保护好动力电缆不会随着设备的移动造成损毁，可以采用线缆坦克链的方式将动力电缆保护起来，如图 2-71 所示。线缆坦克链既能有效保证移动搬运设备移动的机动性不受影响，同时也能有效地保证动力线的完整无损。

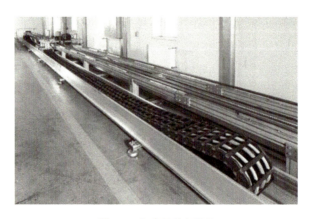

图 2-71　坦克链供电保护

（3）滑触线

对于移动设备的供电，最传统和应用最广泛的一种方式是滑触线供电，如图 2-72 所示。

在移动设备上安装碳刷机构，通过与固定安装的滑触线的接触，将动力电传输到移动设备本体。滑触线可以根据移动路线的需要，做成有一定曲率的形态。

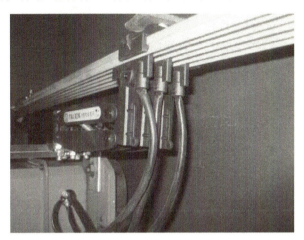

图 2-72 滑触线供电

（4）非接触供电

对于离散类移动设备还有一类特殊的供电方式称为无接触式供电。通常采用两根电缆铺设在设备移动路径的地面下方，两根电缆的电流成反向流动，在两根电缆之间形成强磁场，如图 2-73 所示。通过在移动设备上安装电力感应装置，使移动设备在经过铺设有此类电缆的地面时，将电磁能转换为电能，并逆变成移动设备需要的直流电。

2.3.2 连续式搬运

与离散式的搬运过程中可以计算出搬了多少趟不同，连续式搬运自身的特点决定了没有"趟"的概念，因为连续式搬运没有"往返"。对于连续式搬运，用"带动"或"输送"来形容更合适，如图 2-74 所示。

图 2-73 非接触式供电

在智能物流系统中，常见的连续式搬运设备有辊筒输送机、皮带输送机、链条输送机、链板线、交叉带分拣机等。

图 2-74 连续式搬运以输送为主

1. 连续式搬运的效率概述

在计算连续式搬运每小时搬运多少物料单元的时候，可以参考前文提及的自来水管道每小时运送了多少立方米水的办法。

水管道的运水效率通常也叫管道流量。

流量＝管道横截面积×流速。

参考自来水管道的流量计算，我们也可以得到连续式搬运的效率与下述 3 个参数相关。

1）连续式搬运设备"横截面"上的物料单元数 p。

2）连续式搬运设备的传输速度 v。

3）被搬运物料单元的尺寸 s。

不难理解，连续式搬运的效率与 p 和 v 成正比，同时与 s 成反比，同样条件下，物料单元尺寸越小，单位时间内的输送效率越高。

2. 连续式搬运的效率计算

连续式搬运的效率可以参考管道流量的衡量方式，即单位时间内经过搬运设备自身某个截面处的物料单元数。

按照图 2-75 中所示，一个单独的物料单元经过某个截面时所需要的时间为：

$$T = \frac{60l}{1000v}$$

式中 T 为一个物料单元经过某个截面时需要的时间，单位为 s；l 为物料沿着输送方向的尺寸，单位为 mm；v 为设备输送速度，单位为 m/s。

图 2-75 连续式搬运流量模型

如果位于连续搬运设备上的物料单元是前后紧凑输送的，则据上式可以得到输送效率 E，即单位时间内通过的物料的个数 E：

$$E = \frac{60}{T} = \frac{1000v}{l}$$

式中 E 为连续输送效率,单位为个/min;T 为一个物料单元经过某个截面时需要的时间,单位为 s;l 为物料沿着输送方向的尺寸,单位为 mm;v 为设备输送速度,单位为 m/s。

而在实际中,由于上游往本段连续式搬运设备输入物料的时候并非完全是紧凑(一个挨着一个进入)的,如图 2-76 所示。

图 2-76 等间距的连续式搬运流量模型

如果每两个物料单元之间的间距为 x,则效率可以修正为:

$$E = \frac{1000v}{l + x}$$

式中 E 为连续输送效率,单位为个/min;l 为物料沿着输送方向的尺寸,单位为 min;v 为设备输送速度,单位为 m/s;x 为相邻两个物料单元之间的间距,单位为 mm。

以上效率计算的前提都是基于同样大小的物料单元和完全均匀的间隔,而实际中可能会有各种不同尺寸的物料进入。我们可以将物料单元按照在搬运设备上的分布周期来划分出一段作为新的单位物料组,如图 2-77 所示,以新的物料组再次进行估算。

图 2-77 不同物料尺寸和间距下的连续式搬运流量模型

其中,一个物料组内含的物料单元数为 m(横截面内的物料单元数为 l)

一个物料组经过截面需要的时间为 T:

$$T = \frac{60(l_1 + x_1 + l_2 + x_2 + \cdots + l_m + x_m)}{1000v}$$

式中 T 为物料组经过某个截面时需要的时间,单位为 s;$l_1 \sim l_m$ 分别 m 个物料沿着输送方向的各自的尺寸,单位为 mm;$x_1 \sim x_m$ 分别为 m 个物料之间的间距,单位为 mm;v 为设备输送速度,单位为 m/s。

由此可以得到物料组为单位的输送效率为:

$$E = \frac{1000v}{l_1 + x_1 + l_2 + x_2 + \cdots + l_m + x_m}$$

式中 E 为物料组连续输送效率,单位为个/min;$l_1 \sim l_m$ 分别 m 个物料沿着输送方向的各自的尺寸,单位为 mm;$x_1 \sim x_m$ 分别为 m 个物料之间的间距,单位为 mm;v 为设备输送速度,单位为 m/s。

3. 连续式搬运的优势

相对于离散式搬运,连续式搬运有如下几个优势。

1)连续式搬运由于其"连续"的特点,并且没有返程的概念,当有批量物料搬运任务时,通常单位时间内的搬运效率要比离散式搬运要高,如图 2-78 所示。

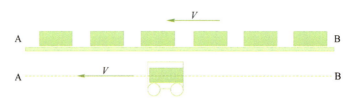

图 2-78 连续式搬运与离散式搬运的模型对比

2) 连续式搬运设备主要是以"带动"的方式搬运物料单元,通常其机械结构比较简单,因此在长时间的运行中稳定性高,故障也较好处理。

3) 由于搬运过程中连续式搬运设备做出的动作较为单一,因此对应的控制系统较易实现。

4) 同一个时刻,连续式搬运设备本身可以存放很多的物料单元,并且可以根据上下游的条件,输入和输出单个物料单元,所以连续式搬运设备适合做缓存。

4. 连续式搬运面临的挑战

由于连续式搬运设备通常为固定非移动的设备,这一特性也给连续式搬运带来如下几个方面的挑战。

(1) 柔性受限

连续式输送设备一旦建设好并投入运行,基本上就限定了固定的起始点和终点。不论是起始点还是终点发生变化,之前的连续输送系统都无法马上匹配到新调整后的位置上。

为了使连续设备有一定的机动性和柔性,在一些应用场景下,可以采取特定的办法来实现。常见的有可移动输送机、可伸缩输送机、可变形输送机等,如图 2-79、图 2-80、图 2-81 所示。

图 2-79 可移动输送机

图 2-80 可伸缩输送机

也可以采用将连续式搬运设备做成模块化的方式,通过自由搭建模块,来提高输送系统的柔性,如图 2-82 所示。

(2) 占用公共资源

像自来水管道敷设一样,连续式搬运设备安装后由于是固定不动的,因此必然会占用一定的公共资源,最常见的是占用固定的空间和通道。而有些特殊应用场景下,其他设施也可能会出现必须要使用这部分公共资源的情况,对于该类问题,常见的解决方案有如下几种。

1) 配备可局部掀起来的设备,供工作人员或者其他设备通过,如图 2-83 所示。

2) 可以局部移动,以临时让出公共空间供第三方使用,如图 2-84 所示。

3) 可以将连续式搬运设备提升到一定高度,将公共资源空间让出来供第三方设备使用,如图 2-85 所示。

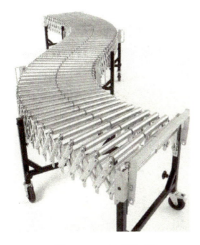

图 2-81　可变形输送机

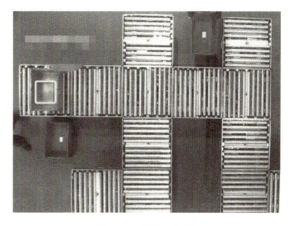

图 2-82　模块化输送机

图 2-83　可局部掀起来的输送机

图 2-84　可局部移动的输送机

图 2-85　高空输送机

（3）扩展性弱

离散式的搬运系统，如果想进一步提升效率，或者要改变接驳方式，可以通过增加离散搬运设备数量和改造装载方式来实现。而对于连续式搬运设备而言，却很难实现。借鉴离散式搬运系统中由单个搬运设备组成的特点，可以将连续式搬运设备采用前文介绍的模块化的设计，一定程度上也可以增强连续式搬运系统的扩展性。

第三章　智能物流系统的基础技术

仓库一方面在接收新的物料，另一方面仓库的下游也要消耗库存。消耗库存意味着仓库出库业务的发生。

近几年来随着国内电商的迅猛发展，智能物流系统在一些头部电商公司的物流配送中心发挥了巨大的作用。比如京东的"亚洲一号"（如图3-1所示）、菜鸟联盟的大型综合智能仓（如图3-2所示）、苏宁的智能仓储中心（如图3-3所示）等。

京东无人仓

图3-1　京东的"亚洲一号"

图3-2　菜鸟联盟的大型综合智能仓

图3-3 苏宁的智能仓储中心

这些高效运转的智能物流中心由成千上万不同种类的物流装备和子系统组成,在整个物流系统里有数量庞大的物料单元被输送、搬运、存储、拣选、包装等。在复杂的设备组成、海量的物料和多变的物流订单作业下,智能物流系统的每个设备究竟是如何运作的?每个物料单元是如何被移动到各处的?庞大的智能物流系统背后究竟是通过什么方式使这么多的子系统、设备、物料、人工有效地协同运行的?这是本章要探讨的主要问题——智能物流系统的底层技术。

通常来讲,一个完整的智能物流系统主要解决两大方面的问题:物料流和信息流。

物料流主要解决物料的存放和搬运问题。具体问题包括:如何让物料单元动起来;何种条件下让物料单元动和停;如何让物料单元按照各种搬运工艺要求去移动,如加速、减速、匀速等;如何让物料能准确地到达目的位置等。

信息流主要指能对物流系统中所含有的设备、子系统及其所有物料单元的状态、位置、数量、历史数据、任务记录等数据进行跟踪和管理,也包含物流业务层面的订单、库存等数据管理。

物料流管理由各类基础控制技术来实现,信息流管理由各类基础信息技术来实现。

3.1 智能物流的基础控制技术

解决物料流问题的关键是控制物料如何正确和准确地进行"动"和"静"。智能物流系统既然要做的是替代人完成物料搬运作业,那么可以先从分析人的具体作业过程入手。人的作业过程如下。

1)人接收到上级发送来的一个搬运任务订单(信息流)。
2)读取订单任务,接收命令(信息流)。
3)人开始移动(驱动)。
4)搜索需要搬运的物料(感知)。
5)移动到物料对应的位置(导航和定位)。
6)确认是正确的物料(闭环控制)。
7)搬运物料继续移动到目的地并放置好物料单元。
8)将搬运的物料和发生的搬运过程记录在册(信息流)。

智能物流系统要替代人完成以上的所有环节，需要通过一定的技术手段才能实现。排除与信息流相关的部分，驱动、感知、定位导航、闭环控制基本上涵盖了智能物流系统中需要的各类基础控制技术。

3.1.1 驱动技术

随着第二次工业革命的兴起，电力逐步成为机械式生产的动力源。一直到今天，电力仍旧是各制造行业的主要驱动能源。智能物流装备的驱动方式也以电力驱动为主。

1. 电动机驱动

在智能物流系统中，物料的移动和设备的移动是厂内物流最基本的活动。从物理学的角度来看，物体被移动，一定要有外界对其做功才能实现。而在智能物流系统中，究其各类物料被做功的根源，绝大部分都是来源于电动机的驱动。常见的有如下的示例。

（1）水平输送

电动机驱动皮带、链板或者滚筒沿着型材旋转，从而带动位于其上的物料单元往前移动，如图3-4所示。

（2）垂直提升

如图3-5所示，减速电动机带动钢丝绳配合配重，将提升机载货台上下拉动，起到提升下降的作用。

图3-4　电动机驱动电动滚筒输送

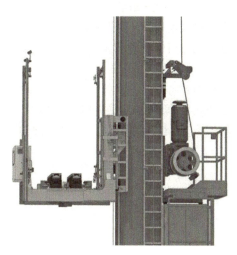

图3-5　电动机驱动垂直升降

（3）搬运机器人

如图3-6所示，搬运机器人结构内含有电动机，电动机通过多组齿轮传动从而驱动相应的轮子转动。如果是双舵轮的组合，同一时刻对不同的轮采取不同速度和方向的驱动，可以使机器人前进、后退、转弯等。

（4）机械手

以图3-7所示的多轴工业机械手为例，机械手的每个关节都由单独的伺服电动机来驱动，多个伺服电动机互相配合驱动各自的轴，最后完成机械手想要的整体动作。

图3-6 电动机驱动移动机器人行走

图3-7 电动机驱动工业机械手

2. 基本驱动回路

电动机的转动经过各种机械传动机构转变成需要的各种形式的搬运动作。而搬运不是一直要发生的，要有启停的动作。因此控制系统要能够对电动机进行启停控制。

对于启停的控制最简单的办法就是控制电路回路的通断。同样的道理，要控制现场某些物流自动化设备的启停，也可以通过这种方式来进行。工业中通常采用的是AC380V的三相电来驱动电动机，控制三相电接通还是断开，采用的开关在工业中被称为接触器，如图3-8所示。

接触器接通后，电动机就启动进而带动设备进行物流作业。常见的设备比如皮带输送机、滚筒输送机的启停回路就采用接触器控制。

一些智能物流装备中的电动机动作不是简单的启动后运行在工频50Hz就可以的，而需要更加细致的运动控制，比如搬运机器人需要加速、减速或者维持某个指定的速度。这样的使用场景下，普通的启停控制就无法满足类似的要求了。为了更精确地控制电动机的动作，就需要不仅能控制电动机启停，还需要能控制电动机的转速的装置，而变频器就是为此而生的装置，如图3-9所示。

图3-8 接触器控制通断示意图

输出U/V/W三相AC380V(接电机)

图3-9 变频器控制电动机回路

变频器在智能物流系统中有大量的应用，堆垛机的运行、提升机的提升、搬运机器人的移动等都是由变频器根据动作的需求，实时地控制电动机的速度，从而使设备能够按照需要来实现复杂的搬运过程。

3.1.2 可编程控制技术

控制电路何时接通或者何时该输出多大的电流给电动机，不论是接触器还是变频器，它们都无法自主决定。"是否接通"这一决策问题在没有各类智能技术之前，只能通过人工输入的方式解决。比如在电路中设置一个启动按钮，人经过对外界的判断后做出决策，按下启动按钮，电动机就可以执行动作。

通过自动化控制器来代替人对物流设备电动机的启停或者速度的设定，是实现智能物流系统的底层基本要求。而为实现这个功能，最常见的是采用工业 PLC 或者专用的嵌入式系统，或者采用工控机对电路中的执行器如接触器、变频器等进行控制。

以最常用的可编程控制器 PLC 为例，如图 3-10 所示，将位于设备现场的一些信号采集并接入 PLC 模块作为数据输入，PLC 根据输入信号和实际搬运的逻辑要求，按照在 PLC 内提前设置好的程序运算后，动态输出数字信号和模拟信号。将这些信号经过一些中间电器件再连接到电气控制器诸如接触器或变频器等，最后达到控制启停和速度设定的目的。这样 PLC 就可以自主地根据外部的信号和条件对物流设备进行驱动控制，最终达到预想的物流搬运效果。

3.1.3 感知技术

要使控制器的输出正确，需要建立在有一定输入条件的前提下。如果一段输送机的电动机无条件地不停转动，不考虑与下游对接，可能会发生物料跌落或者物料积压损坏的情况。因此，物流设备首先要知道当前自身的状态和外部的条件，即需要"感知"。对于自动化设备，感知主要是通过各种传感器来实现的。传感器通过一定的感应原理将外界的变化转化成电子信号，并作为控制器的输入数据。

1. 传感器信息获取

传感器对外界感知后的结果通常有两种：离散的状态量和连续的数字量。

（1）离散的状态量

返回状态量的传感器在自动化系统里通常被叫作开关，因为开关的反馈结果只有 0 或 1，常用的光电开关就是状态量传感器。如图 3-11 所示的在输送机上的光电开关可以检测到当前输送机上有无货物，"有无"返回的是 1 或 0 的状态量。

图 3-10　PLC 控制柜

图 3-11　输送机上状态监测的光电开关

开关在智能物流装备里常见的应用有检测有无货物、是否到达位置、是否触发某个安全控制信号、是否进入或者离开了某个位置或者区域、是否超过某个限度等。常见的开关类型有光电开关、微动开关、接近开关、行程开关，如图3-12所示。

（2）连续的数字量

实际物理世界中，绝大部分的变量都是连续变化的，并非"非1即0"的双态突变。这种连续变化的变量可以通过数字来量化。比如长度有多少米，重量有多少千克等。

有很多智能物流装备的搬运动作是需要根据一定的数字量作为执行的依据的。比如在物料分拣的过程中，分拣机需要根据当前物料的条码号来决定是否要将本物料由特定机构排出主线到某一个格口；再比如搬运机器人在行走过程中，要根据当前读取的激光测距值来判断机器人是否抵达运行目的地而做出停止动作等。

在智能物流系统中，经常应用的连续数字量有编码器返回的编码值、测距仪返回的距离值、称重仪返回的重量值、条码阅读器（如图3-13所示）返回的条码号、RFID阅读到的标签内容等。

图3-12 各种传感器开关

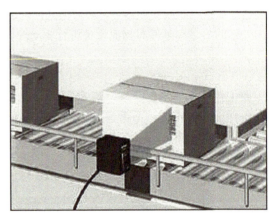

图3-13 条码阅读器

2．感知的处理

不管是状态量还是数字量，都是由外界感应而得到的一种信号。信号通常会有噪声和干扰。物流搬运的应用场景下，各类传感器可能会受到一些外部的干扰导致错误的信号输入。比如现场灰尘和杂物可能会引起光电开关的误感应、现场搬运过程中对各类传感器的损坏引起的误感应等。

对于信号的干扰，在工业自动化系统中，最常见的有两种处理办法：滤波和工艺逻辑处理。

（1）滤波

为了避免当前的信号是由于瞬时的干扰造成的，对于状态量通常可以采用延时滤波的方式，对于连续的数字量可以采用均值滤波的方法。

（2）工艺逻辑处理

实际的物流活动都是无法违背工艺逻辑的。比如一台输送机上通常在头/尾处各安装一个光电开关，每次输送物料的时候，必定是靠近上游的光电开关先感应到货物，靠近下游的光电开关后感应到货物。如果在实际中发现感应顺序颠倒，则这种情况就是不符合工艺逻辑的，系统就应该提示光电开关感应异常，输送机应及时停止运行，以免造成对后续物料正常输送的影响,甚至带来安全上的隐患。因此对于设备上的各个传感器,都可以在控制程序中设定其必须要符合的工艺逻辑,从而达到间接滤波的目的。

3. 其他

1)除了状态量和数字量,还有一类传感器可以输出模拟量,这些传感器经过对外界感知后以电流、电压或者电阻的模拟量作为控制系统的输入。

2)各类感知传感器通过某种物理或者化学原理,将外界的信息获取后并传递给电子信息系统。人本身也可以获取信息,甚至可以做更高级的滤波,因此人其实也可以作为感知源,通过 HMI 等将感知信息输入到智能物流系统中。

3)由于传感器类似于人的眼睛,为智能物流系统不断地获取外界的重要信息。为了保证能长期正常工作,需要在安装的时候选择能长期保护传感器本体的位置或者措施来保证传感器不受损坏,实例如图 3-14 所示。

4)上下游也可以互为感知源,通过控制系统或者通信系统作为彼此的信号输入。

3.1.4 定位导航技术

智能物流系统需要在实际应用场景中解决设备的运行和物料的移动问题,设备的

图 3-14 开关安装位置

运行包含诸如 AGV 的离散式搬运设备的移动,物料的移动是伴随着离散设备的移动而移动的。另一类设备的运行诸如皮带输送机的连续搬运设备的输送,物料的移动是被连续式搬运设备带动而移动的。不论是设备的运行还是物料的移动,都需要解决定位和导航的问题。

(1)定位

简单来讲,定位要知道物体当前在哪里?"在哪里"需要有个参考,我们将"地图"作为物体定位的参考,定位就需要找到物体当前在地图里的具体位置。

(2)导航

导航可以认为是解决如下的问题:目的地在当前位置的什么方向?当前的物体该往哪个方向移动。

物料的定位导航问题主要出现在连续式搬运设备的搬运作业过程中,设备的定位导航问题主要出现在离散式搬运设备本身的移动过程中。因此,我们着重分析连续式搬运设备上物料单元的定位导航和离散式搬运设备本身的定位导航。

1. 物料的定位导航

如前文所述,物料的定位导航问题主要集中在连续式搬运设备上。连续式搬运设备最常见的是各类输送机,包括皮带输送机、链式输送机、滚筒输送机、链板输送机等。下面以分析输送机上的物料定位导航问题为例进行阐述。

(1)定位

由于物料一直都在输送机上,因此在分析定位时的参考就是输送机本身。通常要定位物

料在输送机上的位置,可以从如下几个方面入手。

1)区间定位。

标准输送机由于一般不配置定位类传感器,因此无法准确定位物料的具体位置。但可以借用输送机上的光电开关来进行区间定位,即可以大致定位物料是否进入到某个范围。

具体示例如图 3-15 所示。

物料 W 在速度为 V 的输送机上向左输送,当 W 从下游设备进入本段输送机后,如果传感器 P_1 没有感应,说明物料 W 在 A 区域;如果 P_1 有过感应而 P_2 还未有感应,说明 W 在 B 区域;如果 P_1 有过感应,P_2 也有感应,说明 W 在 C 区域。

(以上假设前提为只有一个物料单元进入本段输送机)

2)顺序定位。

输送机上的物料也可以通过判断与其他物料之间的先后顺序来定位,通过获取某个物料单元排在当前物料队列里第几个的位置来判断这个物料的大致位置。

如图 3-16 所示,4 个物料 W、X、Y、Z 在速度为 V 的输送机上向左输送,4 个物料在经过传感器 P_1 后就可得知各自的大致"定位":物料 Z 离 P_1 最近,Y 次之,X 再次之,W 离 P_1 位置最远。

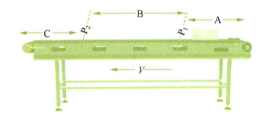

图3-15 区间定位示意图

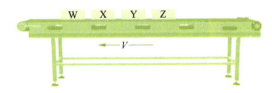

图3-16 顺序定位示意图

3)编码器定位。

由于物料是随着输送机的输送而移动的,如果物料相对于输送机没有由于滑动造成的相对位移,并且知道输送机往前输送的实际距离,则可以精确定位每个物料单元位于输送机上的具体位置。配置有编码器的输送机即可实现这样的物料定位,如图 3-17 所示。

如图 3-18 所示,物料 W 在离开 P_1 传感器点的时刻开始记录当前编码器的数值 I,I 经过编码器值与实际距离的换算即可得到当前物料 W 距离传感器 P_1 为 L 的位置数据。

(2)导航

对于连续性搬运而言,由于设备本身是固定的,因此大部分的使用场景下,其上的物料单元并不需要"导航",因为输送方向只有一个,沿着设备

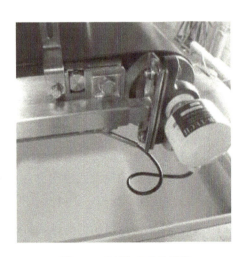

图3-17 输送机上的编码器

的型材方向向前输送即可。沿着输送方向行走的物料在往前移动的过程中,可能会出遇到分

支,此时系统需要告知输送机该物料应往哪个分支输送。这种应用场景在连续分拣机中最常见。

如图3-19所示,物料单元在连续式搬运设备上面对分支的选择是离散的,且分支的数量也是有限的,因此导航比较简单。只需要依据一定的条件,选择要去的分支方向后,由特定的执行机构将物料过渡到该分支方向就可完成。

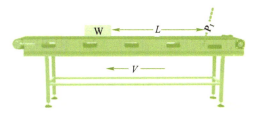

图3-18 编码器定位示意图

图3-19 分拣示意图

选择方向的依据比较常见的有状态量(0或1)和连续数字量(比如条码、二维码或RFID等)信息,主要包括如下三个方面。

1)物料单元在输送过程中,积累了一些逻辑状态量或者传感器检测结果数据,可以基于这些历史状态量或者数据作为导航选择去向的依据。比如物料在经过由几组光电开关组成的外形检测装置后,被判定的状态为合格或不合格,系统根据这一状态结果选择当前物料对应的下游去向。

2)物料单元可以根据一定的数据去决定该导航到下游的哪条支路,最常见的为根据物料上的条码信息进行物料的多支路分拣,不同的条码信息按照既定规则分配到不同的下游支路,如图3-20所示。

3)物料单元也可以根据物料在输送过程中生成的逻辑意义上的数值来导航该去的下游支路,如图3-21所示。将物料按照进入顺序依次选择下游去向,系统依次给物料单元赋予逻辑数字1~3,物料单元根据分配的逻辑数字,移动到不同的下游分支。

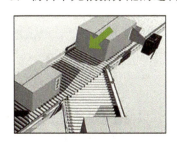

图3-20 支路分拣示意图

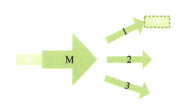

图3-21 按照逻辑顺序分拣

2. 离散搬运设备的定位导航

智能物流系统中的离散搬运设备主要有两大类,一类是沿固定轨道运行的离散搬运设备,另一类是无轨道直接运行的离散搬运设备。轨道限制了搬运机器人只能在固定的路线上行进,因此轨道其实就变成了"地图"。下面我们分别讨论有轨道和无轨道两种情形的定位导航。

（1）沿轨道运行

1）定位

由于设备只能沿着既定轨道行进，要找当前设备在轨道（地图）上的位置，只需要算出当前位置距离起始原点有多远即可。

计算当前位置常见的有如下几种方式。

① 状态传感器逻辑计数

通过在既定轨道按照一定的规则设置一系列地标介质（比如钢片），搬运设备沿着轨道行走过程中，设备上的传感器在经过地标介质时会有感应。每次感应时累加逻辑计数，比如感应5次，即认为走过5个地标介质位置。后退时相反，逐次递减，如图3-22所示。

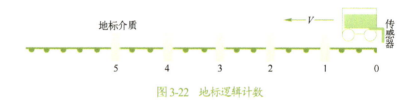

图3-22 地标逻辑计数

由于传感器和地标介质可能会发生损坏或者受到外界的干扰，则在计数过程中可能会发生误计数，因此可以在地标介质外再加一组校验的介质。比如在偶数介质处再加一组介质，或者在特定的某些关键点再加一组介质，比如原点或者轨道的末端。

传统堆垛机的定位技术就是基于以上原理而实现的。

堆垛机在运行时，由于一直沿着固定轨道行走，堆垛机本体上安装感应传感器，在其运行轨道上安装有地标介质。每次堆垛机经过这些介质时，传感器会感应到介质并发生状态变化。通过记录传感器的变化并计算后，就可以知道堆垛机当前位于轨道区域内的哪两个地标介质之间。堆垛机水平运行方向上安装的传感器通常叫作水平认址传感器（认址器），沿着轨道安装的地标介质通常叫作认址片，如图3-23所示。

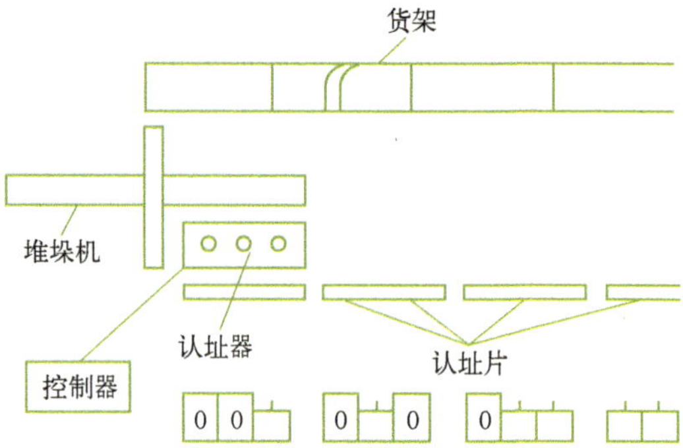

图3-23 堆垛机认址原理

由于堆垛机要在准确的位置去存取货物，因此在水平运行方向上，堆垛机需要能够准确定位，以便在出入库输送机位置和每个货架货格位置能够精准地存取货物。沿着水平轨道方向在每个货格和输送机位置上安装好固定的认址片，堆垛机在每次经过这些认址片的时候，传感器会有感应信号的变化。堆垛机从轨道起始点开始运行，运行过程中，随着传感器变化的次数，就可以计算出堆垛机当前位于哪个货格的位置。

堆垛机垂直方向也是按照这种方式来完成高度上的定位的。

② 旋转编码器

认址传感器定位方式是属于离散式的，设备只能知道当前位于哪两个认址片之间，却不知道处于两个认址片之间的具体位置。

而旋转编码器就是一种可以输出连续位置的定位传感器,如图 3-24 所示。一般旋转编码器会安装在前后行走机构的轮子的轴上,搬运设备行走时轮子转动带动旋转编码器值发生变化。这样从起点开始,往前行走 1m 就对应旋转编码器值 X,按照对应关系,通过旋转编码器值就可以间接地计算出搬运设备行进了多少米,也就完成了对设备的定位。

旋转编码器可以用在设备沿直线行走的布局上,也可以用在设备沿弯道行走的布局上。

③ 激光测距仪

激光测距仪也是一种连续定位仪器,且精度非常高。通常是将激光测距仪安装在搬运设备机身上,在直线轨道的一头安装有激光反光板,反光板的位置要能保证激光测距仪在设备行走全过程中都能将光线投射到反光板上。

激光投射到反光板时,根据光线的反射时间就可以间接计算出测距仪距离反光板的距离,也就间接计算出当前设备在固定轨道上的实时位置。由于激光的光线是直线的,所以激光测距仪通常用在直线轨道运行的自动化搬运设备上,如图 3-25 所示。

图 3-24 现场编码器　　　　　　　　　　图 3-25 激光测距仪

④ 条码定位仪

在固定轨道行走的搬运设备上,还有另外一种定位方式是条码定位,如图 3-26 所示。这种条码定位技术通过读取提前安装在轨道上的条码标签就可以获取当前设备的位置值。条码标签本身是沿着轨道通长的一整条,在搬运设备上对应安装一台特殊的条码阅读器。这样搬运设备在沿着轨道行走时,条码阅读器会连续读取这个长条码。与编码器类似,条码值对应一定的距离值,这样就可以实时获取搬运设备当前在轨道上的位置了。

图 3-26 条码定位仪

2)导航

沿轨道运行的搬运设备的导航更准确地说是选择向前行进还是向后退行。通过目的地位置与当前位置比较,可以得出设备是该向前还是向后更靠近目的地。在设备运行过程中,不断地进行位置差的计算，直至最后到达最终目的地。

有些应用场景下可能有轨道分支，对于搬运设备在分支口的导航，主要通过当前任务的目的地位于哪条分支来决定，这可以由搬运系统的控制系统来实现。

（2）无轨道运行

无轨道运行的搬运设备由于不受固定轨道的约束，具有更强的柔性和机动性。无轨道搬运设备的定位导航应用技术种类很多，这里主要探讨在 AGV 和搬运机器人中常见的几种方式。

1）定位

① 磁感应传感器加编码器

最早的 AGV 是基于磁导引技术来实现的，需要在 AGV 所有可能的行走路线中提前沿着路线布置磁条或者在地面预埋磁钉。AGV 车体上装有磁感应传感器，AGV 只能沿着磁条运行，如图 3-27 所示。

AGV 车体上的磁感应传感器会一直与地面的磁介质发生感应并实时将感应数据传递给 AGV 控制器。随着感应值的动态变化，AGV 调整自身的角度保证车体往前行进的过程中一直沿着磁条路线行驶。能保证 AGV 在固定的线路上行走，解决了定位的第一步。而 AGV 当前具体行走到了这条路线上的哪个位置点上，通常是由 AGV 上安装的其他的辅助定位（比如车轮耦合连接安装的编码器）确定的。

AGV 行走时编码器也随着车轮的转动实时反映行走的距离。一般 AGV 会设置一个起始点，这样有了起始点、固定路线和行走路程值，就可以确定 AGV 当前在什么位置上了。

② 激光

传统的磁导引 AGV 系统，一旦安装调试后，AGV 只能沿着固定的磁条行进。如果增加了搬运工位或者某段搬运路线要改变，那就需要重新安装磁条。如果是磁钉，则需要重新在翻修的地面上打入磁钉。因此磁导引 AGV 柔性比较低。

随着定位导航技术的不断发展，目前在叉车 AGV 上广泛地应用了激光定位技术。在激光 AGV 行走的区域内简单安装若干激光反光板即可完成 AGV 定位部署工作。AGV 车身上安装旋转的激光定位器不停地进行 360°旋转扫描，激光光线投射到事先安装的激光反光板上，就可以计算出激光源与这些反光板之间的位置关系。

在 AGV 行走范围内，只要保证在同一时刻能有 3~4 个反光板有反射，就可以通过定位算法来确定当前 AGV 所处的实际位置，如图 3-28 所示。

③ 二维码

亚马逊配送中心的 Kiva 机器人以其突出的创意和卓越的优点在国内外的仓储物流领域引起广泛的关注。国内也有不少公司研发出类似的仓储搬运机器人并已经投入实际应用中。此类搬运机器人主要集中应用在电商行业的订单拣选场景中。

Kiva 机器人采用惯性导航和二维码定位的方式来控制每台 Kiva 机器人在仓库里准确地行走。Kiva 系统需要事先在地面上贴附代表位置信息的二维码标签，所有的二维码标签在 Kiva 机器人工作范围内组成一个标签矩阵网。每个标签上都有唯一的位置信息，同时也代表了标签所在的整个矩阵网络里的位置坐标，如图 3-29 所示。

Kiva 机器人车身安装有一个高分辨率长焦摄像头并朝地面实时进行拍摄。当 Kiva 机器人经过地面的二维码标签时，摄像头会读取到二维码里内含的坐标信息，即刻计算出当前 Kiva 机器人所在的位置。同时二维码标签中特有的边角位置也可以被用来调整 Kiva 机器人行走的角度,从而保证 Kiva 机器人的精确走向。

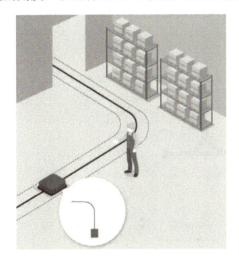

图 3-27　磁定位

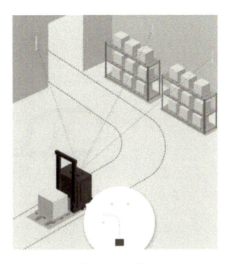

图 3-28　激光定位

④ 自主定位

以上的几种方式都需要在设备投入运行前进行工作量不小的安装、标定和调试,来使搬运设备将虚拟数据和实际物理信息进行对应。而采用新型自然导航的方式可以节省这些过程。

自主定位通过扫描周围环境的方式,对运行的实际环境进行虚拟建模从而建立全面的虚拟地图。这样搬运设备参考地图和当前扫描到的环境就可以知道设备本身在虚拟地图中的具体位置,如图 3-30 所示。

图 3-29　二维码定位

图 3-30　自主定位

2）导航

与沿轨道运行的搬运设备的固定路径不同,机动性更强的无轨道搬运设备在运行中的导航更加偏重于动态的路径规划,即搬运设备在运行时,系统根据当前的位置,实时地计算出一条最佳路线的虚拟轨道,并告知搬运设备沿着这条虚拟轨道运行。

磁导引的方式中,虚拟轨道是磁条敷设后的既定路径,其他几种导引方式都是通过软件结合地图并经过一定的路径算法,生成的一条合理的虚拟轨道直至通向最终目的地,如图3-31所示。

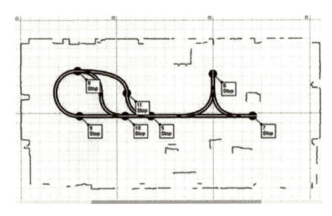

图 3-31　导航地图与路线

3.1.5　闭环控制技术

1948年由诺伯特·维纳提出控制论之后一直到今天,现代科学技术或多或少都受到了控制论的影响。而控制论里提出的反馈和闭环控制,在工业领域的应用最为广泛。闭环控制示意图如图3-32所示。

图 3-32　闭环控制

仓储物流系统中,很多应用场景都是要实现物料搬运到正确的目的地。物料在未到达目的地的运输过程中,需要不停地将当前的位置与目的地的差值作为反馈信息,并不停地修正搬运动作,直至物料到达目的地。

1. 连续搬运设备的控制

此处以输送机为例。

(1) 输送机的目标

从下游接收托盘,并通过输送机的机构如皮带、链条或者辊道等输送到下游单元。

(2) 执行过程

电气控制柜发送启动信号给输送机的电动机,电动机转动带动输送机上的物料单元向前移动,将物料输送到目的地。

(3) 反馈修正

输送机在接收上游的物料单元时,系统会检测上游的物料是否到达输送机的输入口附近,到达时才启动电动机接收物料。同样在向下游输送物料时,系统会检测物料是否已经到达本段输送机的末端,同时如果检测出下游输送机不能接收物料时,控制系统要做出停止电动机运行的动作。如果下游输送机可以接收当前物料时,控制系统继续控制电动机转动,向下游输送物料,如图 3-33 所示。

图 3-33 连续式搬运闭环控制示意图

输送机的反馈闭环系统一般是通过位于输送机身上的光电传感器和控制系统来组成的。没有闭环的控制系统,可能会发生物料单元与前后设备无法正常衔接的情况,如果物料是吨级以上的重载单元,没有闭环系统,输送机一味地执行输送可能会发生载重碰撞或直接落地的危险。

2. 离散搬运设备的控制

以 AGV 为例,通过 AGV 小车身上的各种传感器感知周边环境和当前所处的位置,自我调度并运行到正确的起始位置,进行物料捡取后,再运行到放货位置完成物料卸货。

(1) AGV 的目标

AGV 自动运行到起点 A 获取物料单元,自动运行到正确的目标位置后,将物料单元卸载到存放位置 B 点。

(2) 执行过程

AGV 本体控制自己的运行电动机和转向机构行走到正确的 A 点或者 B 点,到起始点或终点时完成物料的上货和卸载工作。

(3) 反馈修正

AGV 通过激光定位器或者编码器等各种传感器实时记录当前运行的位置,并不断地比对与目的地址的位置关系,通过调整 AGV 的驱动单元和转向单元逐步地驱使车体不断靠近目的地址。从车体的表现上来看就是前进后退、加速减速或左转右转等一系列动作。整个连贯的动作过程中,AGV 的控制系统一直在不停地扫描位置、计算位置偏差,进而不停地修正车身的方向和位置,直至运行到系统指定的 A 点或者 B 点,如图 3-34 所示。

图 3-34 离散式搬运闭环控制示意图

AGV 的闭环控制系统是依靠导航技术、定位技术、驱动技术、电子地图等一系列综合技术手段完成的。通过不停地输出动作和与目标位置的比对修正,AGV 最终可以完成物料单元从 A 点到 B 点的搬运。

3.2 智能物流的基础信息技术

物流是社会化生产环节的一部分,而现代化生产的每个环节都需要有信息化管理,物流环节自然也不例外。物流业务要记录的信息包含物料的数量和内容，物流业务发生的事件、责任人、事件流水、订单信息等。如果完成这个业务的过程有设备参与，那对设备执行情况的信息化跟踪和管理也是必不可少的。

如果物流系统只是一台皮带输送机将一批物料从一端搬运到另外一端，那这个过程的物流事件所伴随的信息完全可以由人工进行记录。比如早上 10 点到 11 点，输送机搬运了 5 个袋子，分别是编号 A、B、C、D、E，由张三负责上料，由李四负责下料。而如果物流系统中由成百上千个离散搬运设备和连续搬运设备组成，每天要服务几千个的物流业务，一天的物料移动量达到万、十万级别，同时众多物料单元有静有动、设备有动有停、搬运业务有始有终，这样复杂的物流系统，人工是无论如何无法也做到对所有的信息进行跟踪和管理的。此时就需要采取先进的技术手段对庞大、复杂的物流信息进行有效的管理。

3.2.1 智能物流信息系统的整体架构

一个大型智能物流系统中可能有几万个设备，包括电动机、控制器、传感器等同时在线，同时要掌控多达几百万的 SKU 的移动任务和当前状态，以最合理化的资源去服务当前和即将要履行的物流订单业务。要使得大量的单元、设备、子系统、软件能互相协调配合，背后需要一套强大的神经网络和中枢系统来控制所有的物流相关资源设施，这就是智能物流系统中的数字化信息管理系统。

智能物流信息系统的整体框架通常采用的是工业中经典的自动化金字塔结构，如图 1-2 所示。

智能物流信息系统的金字塔结构主要包括由现场执行机构和各类传感器组成的最底层、由 WCS（Warehouse Control System，仓库控制系统）、RCS（Robot Control System，机器人控制系统）组成的中间层、由 WMS（Warehouse Management System，仓库管理系统）、OMS（Order Management System，订单管理系统）组成的上层和由 MES（Manufacturing Execution System，生产执行系统）、ERP（Enterprise Resource Planning，企业资源计划）组成的最高层。

结构中的元素越位于高层，该层关注的数据更加偏重物流业务层面，与现场的物理实物结合越不紧密。同时，高层的数据往往更加偏向宏观数据，更加侧重物流业务的办理和总体业务数据的统计与分析。

对于智能物流信息系统，上层 WMS 相当于人体的大脑中枢神经，中间控制层的 WCS 相当于周围神经网络。上层 WMS 在物流系统设计时，应更加偏重于业务数据管理，而尽量不去与现场硬件和实物发生直接的连接关系，WMS 与底层物理世界要经过中间的 WCS 来进行信息衔接。

如果 WMS 直接管理现场设备（如图 3-35 所示），WMS 系统中的数据逻辑与现场设备信息交融在一起，互相影响和牵制的因素必然较多。比如现场某个设备停机或者出现故障，这个异常的状态可能与 WMS 某个出库的逻辑嵌套在一起，在异常情况未被处理前，可能会导致 WMS 系统的某些其他功能因此要停滞。而被停滞的功能很可能是与现场的这个异常状态没有直接关系的，但还是会影响其他环节的物流信息管理甚至是具体现场作业的执行。

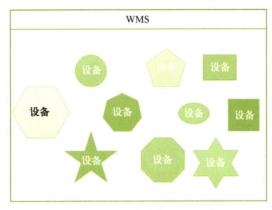

图 3-35　WMS 直接管理现场设备

另外，现场的某个设备升级或者更换厂家后，由于现有的接口和使用方式发生了变化，此时也需要对 WMS 进行相应的程序修改和调试以匹配新的设备。这样很大程度上会影响现有 WMS 的正常使用，并间接地降低整个物流系统的效率。

此外，智能物流系统在调试期间，如果 WMS 的开发人员只有在现场所有设备正常运行的时候才能测试，不便于单独测试业务方面的功能。因此，WMS 与现场的实际设备必须进行分离，通过增加一个中间层 WCS，使物流管理业务与底层的设备运行和信息采集分离，互不影响。WCS 充当了连接两者的桥梁，结构如图 3-36 所示。

图 3-36　WMS 与现场设备分离

WCS 的基本功能包括接收 WMS 的作业指令，经过整理、组合、拆分后，形成各自动化子系统或现场设备的作业任务，并分发下去。同时，将各自动化子系统和设备的现场状态实时反馈给 WMS。

事实上，WCS 内部也是按照金字塔结构组成的，如图 3-37 所示。WCS 作为上层，各设备的控制器如 PLC、嵌入式控制系统等作为中间层，各执行机构和传感器作为最底层。WCS 内部构架与上述的总体金字塔结构类似，这样可以将各子系统和设备进行分离，便于各系统分别进行调试、维修、运行。

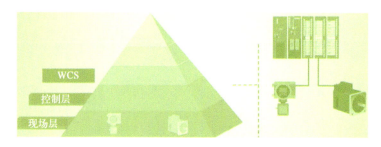

图 3-37　WCS 的局部金字塔结构

通过自上而下的金字塔结构，智能物流信息系统将物流中心内的设备、物流环节都串联在一起，潜移默化地形成了一张数字化的网络，这张网络可以掌控整个物流系统内的各节点和各环节，如图 3-38 所示。

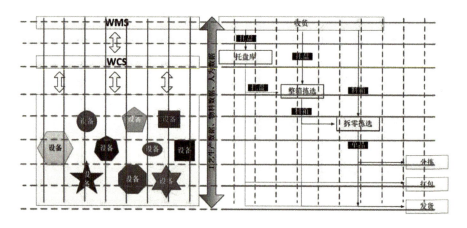

图 3-38　数字化网络

从节点来看，不论是底层设备、物料状态、人员操作订单情况、还是搬运任务执行情况，所有业务每个时刻发生的数据都被捕捉到系统中，并被上传到物流信息管理系统。

从业务流程来看，从收货、验货、入库一直到出库发货，所有的环节都被拆分成一步步的逻辑关系嵌套。每个业务环节都必须经过前后业务逻辑验证才能办理完成，因此业务流程会被全程管理和跟踪，如图 3-39 所示。

物流本质上是针对物料提供的一种服务，追求服务质量是核心。"人、机、料、法、环"是影响质量的五个最重要的要素。由金字塔搭建的这张数字化网对于"人、机、料、法、环"都进行了控制和跟踪，这样可以有效地保证智能物流系统提供的服务质量。

（1）人

数字化信息管理系统将物流系统中的业务操作标准化，一方面极大地降低了对人的操作难度，另一方面通过数字化的形式直接辅助相关人员进行决策。同时也对人员自身的角色进行了定义、分配和管理，比如 WMS 系统使工作人员无须记录库内每个货位的分区，也无须考虑任务优先级，所有这些信息类的工作都可以交给 WMS 系统自行完成。

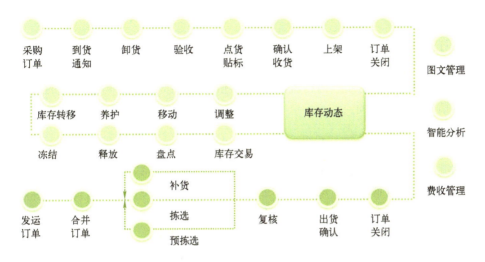

图 3-39　物流各业务流程被全程管理和跟踪

（2）机

智能仓储物流中心里的设备主要是各种搬运、输送设备，自动化金字塔结构将底层设备与中间层 WCS 与上层 WMS 串在一起。现场所有设备不仅实时被监控，同时也一定会按照上层的指令进行动作。设备出现故障和异常后，可以直接以虚拟化的形式直接呈现给维护人员，便于设备及时维护和恢复。

（3）料

物料借助条码、二维码、RFID 等介质，通过各类传感器的信息采集，实现信息管理系统全流程跟踪。

（4）法

智能物流信息管理系统将收货、验货、入库一直到出库发货一系列完整物流环节拆分成一步步的逻辑嵌套关系，因此自动化设备负责的物料处理，则一定按照严格的程序执行。需要人工处理的业务，信息系统也会按照逻辑嵌套关系将其拆分成可执行的单个步骤供工作人员依据执行。

（5）环

物料的存放位置、搬运过程都是系统提前设定好的，比如不同工艺要求的物料被自动存放到不同的库房位置。对于环境控制较为敏感的仓储物流环节，通过现场传感器直接并入现有数字化网络中，并实时地将环境数据上传到上位信息终端（如 WCS 监控系统），以供工作人员对现场的环境进行实时监控管理。

3.2.2　三类智能物流数据

一个完整的智能物流系统在运行时，参与这个过程的所有资源，包括人力、设备、物料、客户、第三方系统等。这些内部或者外部元素都在随着系统的运行不停地产生数据。对物流作业过程产生的数据进行有效全面的收集是对物流信息数字化管理的第一步。在智能物流系统里，关注的数据通常有如下三大类。

1. 生产工艺数据

对于各行业的工业生产而言，由于生产工艺的不同，各工业系统关注的数据是不一样的，都集中在各行业最核心工艺相关的数据上。比如钢铁厂，关注的数据是各生产环节的温度、压力、时长、产量等。而对于厂内物流，主要关注的数据是与搬运、存储相关的核心工艺数据。主要包括如下几个方面。

（1）设备状态数据

在智能物流系统中，由于物料单元是由设备自动完成搬运或存储的，因此需要密切关注所有仓储物流设备的当前状态。比如设备的各种传感器是否正常、当前是否有负载、是否有报警、系统采集的各种现场数据是否合乎逻辑、是否在执行任务等。设备各项状态数据也是上下游设备之间互相配合的接口依据，也是上位机对物流装备资源进行调度和任务下发的数据基础。

（2）设备运行数据

要保证物料单元平稳顺畅地被各设备或子系统搬运，物流系统对设备的搬运任务执行情况的实时数据监控和跟踪必不可少。监控跟踪内容包括设备运行的主要参数，如速度、高度、装载量等，还包括设备接收任务的执行状态、时长、完成度等，也包括上下游的供给情况、任务的优先级、当前行走的路线等。设备运行数据的跟踪采集，有助于评估智能物流装备的执行能力，为物流业务变化带来的智能物流系统升级改造方案提供数据支持。

（3）物流量

物流系统是通过完成各类物料的移动和存储以达到物流服务的目的，与物料流动相关的数据是物流行业最核心的工艺数据。对应到物流系统各物流设备或者子系统中，相关物流量主要包含：一段时间内上游物料进入量、输出到下游的物料量、自身处理的物料量、物料容器的进出量和处理量、缓存量等。对应到物流作业的各流程，相关物流量主要包括收货、入库、盘点、出库、拣选、分拣、打包、发货等各环节的任务量、吞吐量等。

物流量能最直接地反映实际业务情况，物流量数据也是在智能物流系统规划阶段最主要的数据分析源之一。

（4）库存数据

仓库是物流系统中特殊且非常重要的一个环节，除了对仓库本身物流量的关注之外，还要对仓库内的每个物料单元的信息进行关注，包括库存量、库存分布、每个物料的存放位置、入库时间、具体属性等。

（5）操作人员信息

不论是现场的 HMI，还是上位机信息管理软件所在的 PC 终端，都需要通过人为操作对某些物流过程进行判断、管理、决策。而人的操作过程就成为系统输入的一部分，主要包括人员身份数据、人员角色数据等。

（6）操作日志

操作人员以系统信息输入者的角色参与仓储物流业务过程中发生的所有操作，系统都将生成日志数据并对其进行记录跟踪。

2. 物料数据

物料数据最常见的管理方式是采用条码（或二维码）或者 RFID 来标定物料单元，通过读码器获取物料单元信息,结合物流信息管理软件实现物料单元信息的管理和跟踪。

3. 物料数据的载体

(1) 条码

条码技术是基于光学原理来完成对数据的标定和解析的。条码阅读器通常要与条码保持非常近的距离,通过直条光线的捕获来读取数据,如图 3-40 所示。条码要被贴在物料包裹或者容器的最外侧才能方便被读取到,同时也需要条码外观上要完整,条码标签打印质量要好,否则容易引起读取失败。通常条码污浊、模糊或有折痕都会严重影响读取效果。

图 3-40 条码

(2) RFID

RFID 是一种基于射频技术的物料标识方案。与条码的数据内容固定和只读性不同,RFID 的数据内容是动态可编辑的,既能被读取、更新,也能与外界进行数据交换。RFID 标签方便追溯每个物料单元的整个生命周期。RIFD 标签可擦写、可存储、可重复利用。RFID 可以通过加密或者密码保护的方式来保证数据的安全性,因此,RFID 标签很难被篡改和仿造。

RFID 标签分为有源和无源两种,主要的区别在于是否需要外部电源来供电完成数据传递。

由于 RFID 具有很高的读取速度,如果需要对大批物料进行快速数据读取和标定,则 RFID 优于条码。RFID 技术可以通过部署阅读头和天线在无人参与的情况下,轻松批量读取多个标签信息,如图 3-41 所示。

4. 物料数据内容

通过条码和 RFID 标签标定物料单元从而赋予每个物料单元唯一的"身份证明"。物料本身的属性数据与各自的身份标签关联,物流信

图 3-41 RFID 批量扫描装置

息管理系统通过检索标签可间接获取每项物料的所有属性数据。

物料的基本属性数据包括如下。

1) 物料编号。
2) 物料描述。

3）包装码。
4）装箱组别。
5）标准毛重。
6）标准净重。
7）标准体积。
8）其他属性。

5. 人为数据

上文提及的生产工艺数据和物料标签信息都是客观存在的或者是按照一定的逻辑关系自动生成的数据。另外一类数据是决策输入数据，多数决策输入数据由于现有技术的限制无法依靠常规的逻辑生成，此时通过人来辅助自动化系统即可轻松完成任务。常见的各类综合性的决策输入就需要人工来处理。

人工输入决策数据需要通过 HMI 软硬件来实现。在智能物流系统中，最常见的有如下几类。

（1）按钮类

按钮是最简单直接的一种 HMI 输入方式。人接收来自现场复杂的多样信息，结合物流信息系统提供的决策依据数据，综合评估后生成最终决策，最终通过按钮将决策值 1 或 0 输入到系统中。在智能物流装备的控制系统中，按钮常常被布局到现场设备周边，如图 3-42 所示。常见的按钮功能有手自动切换、启动/停止、急停、加速减速等。

图 3-42 现场按钮

（2）工控 PC 类

PC 作为最通用的计算机硬件在智能物流系统中被广泛地部署在信息管理系统的硬件构架中。如图 3-43 所示，部署在中央控制室里用来操作 WMS、设备监控系统的 PC 终端。在 PC 上往往可以输入更加复杂的决策数据，此类决策数据也往往更加偏重于物流业务层面。如在 PC 的物流信息管理系统上输入下一次拣选的波次分配原则，输入本次要出库的物料规格等。

（3）工业触摸屏

由于物流设备广泛地分布在仓储物流中心各环节作业区，有些设备经常需要人为地在现场干预或者输入指令。而由于执行机构众多，不可能给所有的设备都配备一套实体的物理按钮，此时工业触摸屏是一种非常好的替代方案，如图 3-44 所示。

图 3-43　PC 终端

图 3-44　工业触摸屏

常见的工控巨头公司，比如西门子、罗克韦尔、施耐德等，都有自家的工业触摸屏产品，通过在工业触摸屏上配置专用工业软件就可实现与现场设备的连接，快速实现对设备的操作。

（4）手持终端类

有些应用场景下，系统的信息输入更加方便快捷，比如工作人员如果能随身携带输入设备就不必每次走到指定的 PC 或者按钮处才能输入。如果操作员要在现场核实实物后才能输入某项决策数据并开启后续的物流作业，此时就可以采用图 3-45 所示的手持 PDA 作为信息输入的数据终端，而不再需要每次都返回到 PC 端处理。这样既能方便人工在现场灵活处理问题，也能有效地提高整体物流系统的效率。

图 3-45　条码扫描 PDA

3.2.3 智能物流网络通信技术

1. 工业通信方式

智能物流系统中各物流装备和子系统在运行时会产生海量动态数据，众多的物流装备能根据搬运存储工艺正常运转，其中各单元之间的数据通信互联是必要的前提。

在智能物流系统中，常见的互联通信有如下几类。

1）上下游子系统、设备之间的通信。
2）人机通信。
3）上位机与现场物流装备的通信。

正是由于不同的设备与设备（或子系统）之间的互相通信，才使所有的要素组成一个有机的整体，才能完成智能物流系统一体性的要求。

A 端到 B 端的通信，如图 3-46 所示。我们以单向通信为例，若 A 有数据要传递给 B，AB 之间首先需要建立通信链路才能实现。

不同终端之间的通信链路主要有如下几种。

（1）低压控制电缆

分布于现场的众多开关传感器经环境感应后有不同的状态 0 和 1 的变化，比如感应到有货物为 1，无货物为 0。在工业中，这样的 0 和 1 在传感器上的输出通常是通过有无 24V 的直流电压来反馈的。有无 24V 直流电压的状态数据用电缆接入 B 端的输入端就完成了信息传递过程。比如输送机上的光电传感器通过控制电缆接入 PLC 的输入端，这样就将光电传感器的状态信息实时地传给了 PLC，如图 3-47 所示。

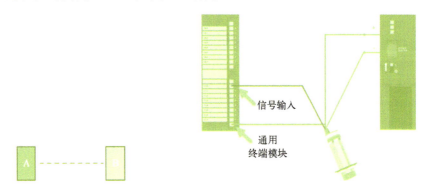

图 3-46 A 与 B 通信链路示意图　　　　图 3-47 低压信号传输示意图

与二进制的数据构成原理类似，要传递更多的信息量，可以通过传递由多个 0 或 1 的组合来实现，比如若有 3 个状态位，则最多可以传递出 8 个不同的数据。

（2）工业总线

数据通信的内容往往不止几个状态位就能解决，一方面由于系统包含更复杂的数据信息，另一方面自动化系统中往往不止只有 A 和 B 两者之间的通信。这样就需要更加高效且能支持多终端同时通信的数据通信方式。这样，各种基于标准协议的工业总线就派上了用场。多数的工业总线都由主站、从站构成，经过一定的系统配置后，各站点之间就可以互相传递数据了，如图 3-48 所示（以西门子为例）。

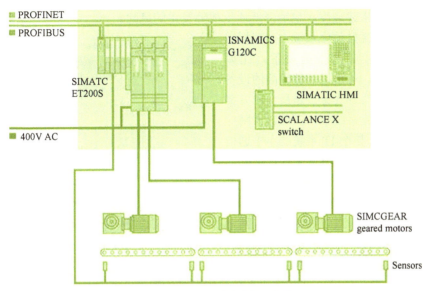

图 3-48 工业总线连接示意图

在智能物流系统中，应用较广泛的有 Profibus、Modbus、Can、ASI、RS232/485 总线。

（3）物理传递

人与人之间的信息交流主要通过语言，除此之外还有文字或者特殊人群通过手语进行交流。文字和手语的交流实质上是通过视觉识别系统来完成的。在智能物流系统里，也有类似的信息通信方式，最常见的就是物料信息传递给自动化控制系统的过程。比如输送线上的物料条码信息通过扫描的方式传递给输送机控制系统，如图 3-49 所示。

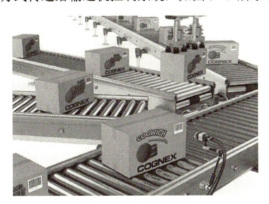

图 3-49 条码信息传递

当然这种物理的信息通信方式只能是单向的，一方是主动地读取，另一方等待信息被动地传递出去。

2. 工业以太网

工业以太网在工业界也经常被认为是一种工业总线。以太网是办公场景下各类计算机终端的主流通信标准网络。在智能物流系统的典型自动化金字塔结构中，上位监控管理层往往都是建立在 PC 终端上的，因此上位信息管理系统与下位各层通信适合采用以太网。为通信便利，从金字塔底层到最高层，如果能用统一的通信方式将各层串联到一起，则在很大程度上可以加快系统网络搭建速度,也能降低通信故障发生的风险。

另外,在智能物流自动化系统中,有相当一批设备是机动性较高的搬运设备,比如AGV、搬运机器人等。对于机动性较高的设备采用无线以太网的通信方式无疑是最佳的方案之一。因此在智能物流系统中,工业以太网应用广泛,也通常被当作整个IT系统的主干通信网络方式。工业以太网除了有以上的优势外,还具有通信速度高,系统扩展性强的优点。

工业以太网有线的连接方式通常采用交换机(如图3-50所示)、双绞线、光纤、网卡等的组合达成通信连接;无线的连接方式通常采用无线AP与无线网卡达成通信连接。

图3-50 以太网交换机

图3-51所示为典型的智能仓储物流系统通信网络构架。

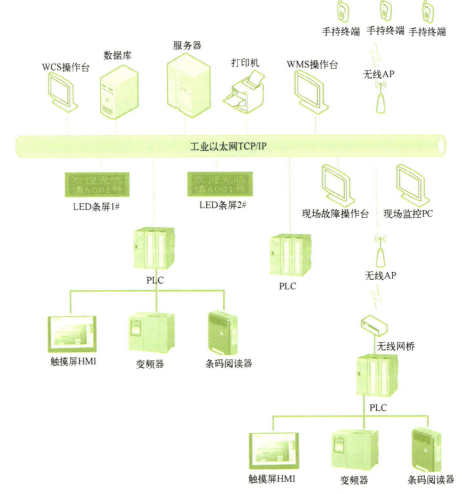

图3-51 典型的智能仓储物流系统通信网络构架

通过各种工业网络技术，将控制器、传感器、子系统、PC、服务器、手持终端、移动设备、AGV、机器人等直接或者间接（通过转换）地连接到总的工业以太网络中。这样，底层系统所有单元产生的实时数据可以通过一定的链路上传到控制层和 WMS 层。同时，WMS 层也可以将指令通过一定的链路下发到底层各执行器或者控制器。

3.2.4 智能物流数据处理技术

从自动化金字塔结构来看，各类信息由下而上传递的同时也是数据集中的过程，集中的数据可以用来控制设备、管理物料和执行物流任务，也可以用来对关键信息进行挖掘和汇总分析，最终达到对物流业务全方位的信息管理。在智能物流系统中的信息管理主要有以下几个关键技术的应用。

3.2.5 计算机应用技术

各行业、各应用场景下的数据管理一定是依赖于计算机科学的。厂内仓储物流业务的数据管理就是计算机技术的一个具体行业应用。不论从现场的 PLC 控制，还是 WCS 和 WMS 都是基于计算机科学的应用技术。

在智能物流系统中，根据物流现场具体的业务要求，基于成熟的开发工具或平台可以有针对性地设计出各种具体的控制程序和软件。常用的开发工具包含主流 PLC 编程开发套件、Visual Studio、Java 类开发平台等。根据具体的应用场景选取合适的结构，比如 B/S 或 C/S 结构。

为了快速部署对现场运行的自动化物流设备的实时监控，可以采用工业组态软件开发应用程序，在对应的 HMI 终端展示出来，如图 3-52 所示。

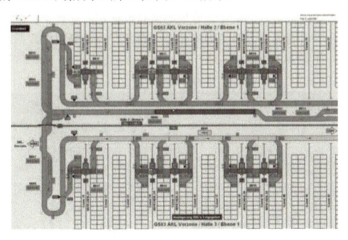

图 3-52 组态软件实现系统监控

3.2.6 数据库技术

与物料存储需要仓库类似，数据的长期、安全、高效可检索的存储也需要有数据库。事实上，数据库在智能仓储物流系统的信息管理中起到举足轻重的作用。

要对数据进行管理，首先要有足够的数据。在完整的智能仓储物流系统中，众多的物料单元、设备、搬运任务、子系统、人员、业务等都是数据的源头。庞杂的数据必须要依附专业的数据库进行整理和存储才能进行后续的统计和分析。

另外,以上提及的所有数据并非只是记录当前某一时刻即可,要做到完善的管理,所有的历史数据要一并存入数据库中。

在智能仓储物流系统中,小型系统可以采用 Excel、Access,中型和大型系统通常采用 SQL Server、MySQL 和 Oracle。常见的数据库后台配置界面如图 3-53 所示。

图 3-53 数据库后台配置界面

3.2.7 数据处理技术

在前文提及的自动化金字塔结构中,底层的所有数据都汇集到了管理监控层,依托强大的数据库技术,结合一定的算法可以将物流业务中的所有关键要素以数据统计结果和分析结果的形式展现出来,如图 3-54 所示。

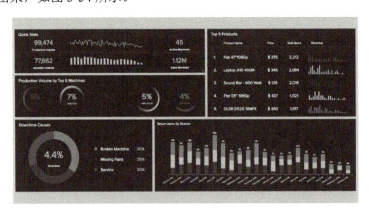

图 3-54 数据统计与分析结果展示

常见的各类数据统计有库存统计、物料单元统计、出入库业务统计、搬运历史数据统计、上下游进出物流量统计、处理量统计、操作统计等。常见的数据分析有设备潜在隐患点、库存业务预期、库存周转率、物料资金分析、各类业务预警、物料完好率等。

智能物流信息系统中的算法是整个物流管理的核心，以 WMS（仓储信息管理系统）为例，WMS 中的算法主要分为两大类。一类是通用逻辑规则算法，比如物料存放不能超过库容、先进入的物料系统先录入、大件物料不能存放到小物件立体库等。另外一类是业务逻辑规则算法，具体包括如下。

（1）入库规则

1）ABC 原则。

2）最短路径原则。

3）产品属性原则（重量、体积）。

4）产品相对集中原则。

5）包装规则。

6）订单类型规则。

7）递进式寻找库位。

8）库存合并规则。

（2）出库规则

1）先入先出。

2）先到期先出货。

3）指定批次出货。

4）包装规则。

5）库位利用率优先。

6）动态拣选。

（3）波次规则

1）定时规则。

2）路线规则。

3）订单数量规则。

4）订单行数规则。

5）产品数量规则。

另外还有质检规则、周转规则、盘库规则、分配规则、补货规则、序列号规则、配送规则、盘库规则等。

第四章 智能收货和缓存系统

收货和缓存是厂内物流作业的第一站,智能技术在此环节的应用也逐步成熟,其中收货过程如何实现无人化是热点课题。

4.1 智能收货和缓存系统概述

4.1.1 智能收货系统概述

物料由外部的货车经卸载后运入厂内,外部物料的输入是整个内部物流业务的起点。外部物料输入厂内的通常场景是:货车抵达对应的卸货月台后,货车车厢开启,人工进入车厢将货物卸载,随后用各种物流设备将物料运入厂内进行暂存或者入库。

现代化生产过程中,每个环节都需要提高效率并实现自动化和数字化。工厂或者物流中心对于物料的收货过程,也在逐步地实现智能化。

如何实现智能化的收货过程,主要包括三个方面,如图 4-1 所示。

图 4-1 智能收货系统组成示意图

月台的智能化调度系统要解决多个货车与多个月台之间的资源最佳匹配问题。通过计算机技术分析当前到港货车的数量、任务优先级与月台的任务占用情况,运用智能算法,合理地给出每辆车和每个月台的对接任务序列,减少货车等待时间、提高月台使用率、提升物料的装卸效率,使总体物流效率最优。

物料的自动化装卸系统要解决货车内物料装卸过程的无人化,主要通过车厢和物料标准化、物料的智能识别定位技术并结合特殊的装卸机构实现物料的自动化装卸。由于货车属于非厂内的设施,实现标准化有一定的难度,卸货过程会伴随着很多不确定的因素,因此,智能化卸货收货目前还没有大规模的应用。

收货下游的智能化集成主要是指物料进入厂内后,根据厂内物流业务的实际要求,在入库之前将物料单元通过自动化设备进行重组和信息化采集。本部分也是物料信息管理和后续厂内物流智能化开展的起点。

由如上三部分组成的智能化收货系统可以将本物流中心作为整个产业链中大循环物流业务的一个智能节点，对外可以连接 TMS（Transportation Management System，运输管理系统）、大物流服务管理系统等，对内可以连接厂内物流的业务管理。智能化收货系统作为未来实现全局商业物流智能化的重要环节，对打通内部物流和外部物流的数字化链路起着非常重要的作用。从微观来看，智能化收货系统实现了本物流中心月台利用率和装卸效率的提升；从宏观来看，对提升物流服务全生态链的整体管理也有巨大的价值。

4.1.2 智能缓存系统概述

通常，物料经卸载进入厂内（或物流中心）后，主要的去向有两个：一个是直接入库，另一个是直接被转运到后续的某个物流或者生产环节中。

而实际中，在物料进入厂内后，多数情况下并没有直接被搬运入库或者去后续生产环节，而是先到另外一个中间环节：缓存。

物流中心通常将收货的缓存区叫"收货暂存区"。在物料进入内部后，在收货缓存区可以集中整理、检查、登记等。

如图 4-2 所示，假设物料到达卸载收货 A 区，在 A 区被卸载的同时，物料开始由叉车入库。由于仓库 B 区距离收货 A 区有一定距离，入库时要办理每个物料的入库手续并录入信息，半小时后，库房只存放进去了 2 个物料组。此时卸载收货 A 区仍然需要货车继续等待直至将货物全部卸载并入库完毕。

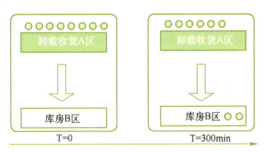

图 4-2　收货后物料转移与资源占用

上边的示例中，物料在从 A 到 B 的时间段内，资源 A 一直被卸载任务占用，同时货车也无法离开本月台去办理下次的运输任务，需要长时间等待。对于 A 区来讲，资源的无效消耗较为严重，卸载收货过程被下游的效率（A 到 B）所影响，造成 A 区物料的输出堵塞，引起 A 区积压，致使 A 区的资源长时间无法释放给下次的新任务，造成局部效率低下。

要解决上边的问题，可以从提高下游的效率方面入手。而提高下游的效率，需要增加搬运资源，比如增加叉车的数量和提高从 A 区到 B 区的搬运速度。但是如果下游的下游效率还是不提升，仓库自身的入库效率是固定的，那 A 区积压的现象仍然得不到解决。

解决该问题的另外一个办法是，在卸载收货 A 区和库房 B 区之间设置一个缓存区 C，将 A 区的物料先全部接收到 C 区。如图 4-3 所示，将 C 区设置在靠近 A 区的地方，半小时（30min）后，A 区的所有物料被转移到 C 区，此时 A 区即可释放公共资源，货车也可离开卸货区。

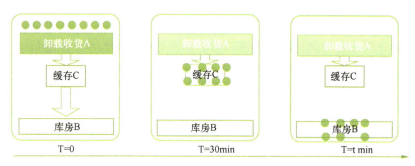

图 4-3 收货时设置缓存后的情况

需要注意的是，如果月台不是一直有抵达的货车和要卸载收货的物料，或者即使一直有物料抵达，如果每次抵达的物料很少，下游从 A 区直接入库 B 区的效率也能足够消化掉上游抵达的物料，那缓存设置的必要性就不高。如果月台收货通常是大批物料，上游要求尽快输出物料，而下游的吞吐能力又无法完全胜任，此时就可以设置缓存来补偿这种由于上下游物流量的波动引起的短时吞吐量不匹配的问题。

1. 缓存的作用

缓存的作用主要有以下几个方面。

（1）补偿波动

前文提到的月台收货场景中，即将抵达的物料有很强的不确定性，也就是说物料的物流量的波动较大。在非波动期间，上下游的物流量如图 4-4 所示。

图 4-4 非波动期的物流量

如果上游有波动，要尽快消化上游的波动，那就需要下游的每个环节都要提升吞吐效率才能匹配，如图 4-5 所示。此时下游的所有设施都需要投入一定的资源以提高物流效率，更多资源的投入意味着成本的增加。

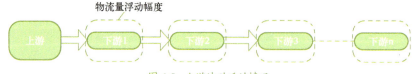

图 4-5 上游波动后的情况

而如果在发生波动的上游出口后设置一个缓存，则可以将上游的波动临时引入到缓存中，如图 4-6 所示。后续再将缓存中的物料按照常规的物流量转移到下游的每个环节。这样就不必提升下游效率了。

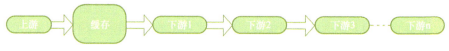

图 4-6 设置缓存后的情况

因此缓存很重要的一个作用就是用来补偿由于某个物流环节的波动而造成的上下游效率的不匹配。

（2）减少上下游的停机或中断

缓存也可以减少上下游停机或者中断。如图4-7所示，物料经过加工工序1～6，随着生产工序从上游移动到下游，每道工序都是必需的。其中，加工工序4～6由于工艺情况或者设备自身的原因，有停机的需求。停机时，到达的物料由于得不到加工，需要等待，因此会引起后续物料的积压，也会导致上游工序1～3的停机。

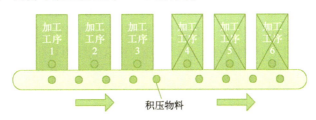

图4-7 无缓存后的生产情况

由于生产工艺的特殊原因，如果加工工序1～3停机后，再次启动时消耗的资源比较多，因此如果在工序4～6停机后的恢复期间，工序1～3仍然能继续生产，就可以避免工序1～3的二次启动。此时在工序1～3和工序4～6之间就可以增加缓存来解决此类问题，如图4-8所示。

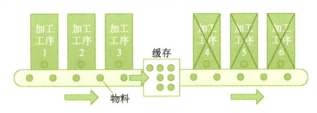

图4-8 缓存可使上游不停滞

在工序4～6停机后，由工序1～3加工后的物料可以先进入缓存，待工序4～6恢复后，缓存将临时暂存的物料输出给下游工序。在上述过程中，在缓存收纳物料期间，下游工序虽然停机，但上游工序可继续生产，并未由于下游停滞而造成上游的停产。缓存可以有效地减少由于上游停机造成的整个系统的生产中断。

同样地，如果上游工序停机，而系统想减少对下游工序的影响，在中间设置缓存也能有效解决下游由于上游停机无法供应物料而造成的停机。如图4-9所示，下游工序可以由缓存提供物料，缓存暂时替代上游工序输出物料。

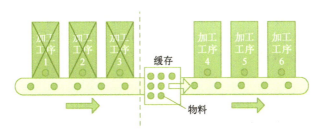

图4-9 缓存可使下游不停滞

综上所述，缓存的设置可以有效地减少上下游由于彼此的停机造成间接的工艺中断。此类缓存在实际中有很多应用的案例,比如有些生产(或物流)环节中,需要定期更换耗材,此时就需要某环节机器停机。如果系统没有设置缓存,一定会造成上下游的生产中断。设备定期保养或者更换零件时,也需要停机,如果在其上下游之间设置缓存,就能有效避免上下游同时停机的发生。

(3)为工艺要求延长时间

如图 4-10 的示例,设备 A 生产后的物料在进入下游 B 之前,由于特殊工艺的要求,需要冷却时长 T 后才能进入 B。由 A 进入 B 之前,物料需要暂停在 C 区等待时长 T。C 清空后,上游 A 才能输出物料,且 C 区物料在未冷却之前,B 区无物料可生产。

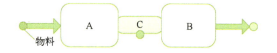

图 4-10 设置缓存工艺示意图

其中,以 B 环节为例,B 的设备工作时间分布如图 4-11 所示,常规情况下工作节拍是间歇性的。而间歇是由于工艺要求所造成的。这样一来,B 的设备利用率和生产效率都很低下。

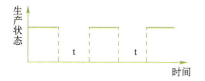

图 4-11 间歇性的工艺生产节拍示意图

此时,我们将 C 区改造成缓存,所有进入 C 区的物料,从进入到离开的时间至少为 T,在此期间,A 区的生产不受影响,可以将生产后的物料继续输入到缓存 C 区,B 区也一直有来自 C 区的物料供给而继续生产,如图 4-12 所示。

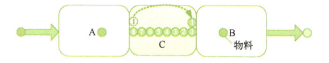

图 4-12 缓存设置可以减少 B 区闲置

系统设置缓存 C 区后,可有效减少 B 区由于外部物料需要特殊工艺(如冷却)而造成的等待时间。缓存在工艺等待期间,可以继续收纳上游物料。在前序物料冷却时间到后,后续的物料也已经接近冷却时间,这样用缓存可以分担并消除每个物料的工艺等待时间,以保证后续加工工艺需要的持续供料。

(4)先集中再分发

有些物料在搬运过程的去向是不确定的,比如前文讲述的上下游关系中,物料需要从众多的下游分支中根据一定条件去选择其一,如图 4-13 所示。

在某些应用场景中,当物料到达上下游的交界处时,当时是无法决策究竟该去哪个下游。物料的去向要取决于未来不可预期的因素。物料在等待未来的决策时必然会引起上游的堵塞。此时若采用缓存技术,先将物料储存起来,待可以决策时再次释放,储存过程中并未影响上游的正常输出。

因此缓存可以将物料临时集中，待达到决策条件时再根据需要向下游分发。最常见的例子为实时订单的自动拣选，各品类的物料先存放到缓存中，有明确订单后，按照订单中各品类的数量，将缓存中的物料释放出去达成订单需求。

另外一种应用场景为物料需要集合到一起，达到一定数量后才一并送达下游，如图4-14所示。

图4-13 分流示意图　　　　　　　　　　图4-14 合流示意图

常见的例子是由多品类物料上游组成的自动化装箱系统，各品类需要将物料集合到一定的装箱量才释放到下游进行装箱。

仓库也可以理解成一个大的缓存，物料单元先集中存放到仓库内，外部有物料的具体需求时，WMS根据出库订单，将所需物料出库分发。

2. 缓存量的设置

由于缓存设置在上下游之间，上游和下游动态地接收和输出物料过程中，缓存内的物料也会发生动态的变化。在实际生产中，物料的数量变化往往存在一定的规律。通过一个比较长的周期时间来观察缓存的变化，会发现有某个时刻缓存内的物料最多，而此时刻对应的物料单元的数量就是缓存的最低设置量。

为应对波动性物流而设置的缓存，我们可以找个时间较长的周期（如24h）来测算物料的输入和输出情况，比如取周期为 T。

假设下游输出效率恒定为 m，上游为波动性的输入。不同的时间段，输入物料量分别为 n_1，n_2，…，n_p。在周期 T 内，我们可以找到何时为累积到最多物料的时刻，比如图4-15所示的 n_{11} 处，此处对应的物料量即为最低缓存设置量。

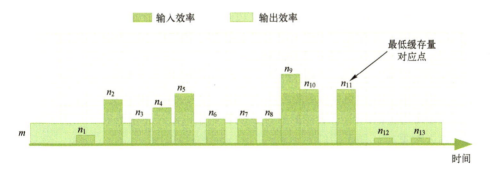

图4-15 波动周期图

因此我们可以得到最低缓存设置量的计算公式为：

$$K = \underset{0 \leq p \leq T}{\text{Max}} \left(mp - \sum_{i=1}^{p} n_i \right)$$

式中 K 为最低缓存设置量，单位为个；m 为下游输出平均效率，单位为个/h；p 为经过的时间，单位为 h；n_i 为单个小时的物料输出量。

对于为减少上下游中断时间而设置的缓存，可以先假设上下游中断时间的上限为 T_d，如果下游中断，上游的物料输出效率为 m，则缓存最小设置量为 $T_d \times m$。如果是上游中断，同理。对于由于工艺要求的延时而设置的缓存，可以用延时时间 T 直接计算出缓存设置量。

缓存的设置能有效地解决由于物流量波动和设备中断等原因带来的上下游问题，但是缓存本身也是一种资源，缓存的引入也意味着新资源的投入。所以缓存也不可漫无边际地设置，缓存设置太多反而会造成效率低下和成本的增加。

4.2 智能收货系统

不论是工厂还是独立的仓储物流中心，外部物料的输入是整个内部仓储物流业务的起点。现代化生产过程中，每个环节都需要提高效率，工厂的收货过程也是如此。如何通过先进的技术手段和自动化技术来提高物料单元的卸载收货效率，是本节重点要介绍的内容。主要包括智能化月台调度、物料自动化装卸、收货下游的智能化集成。

4.2.1 智能化月台调度

对于大型生产企业或者物流中心而言，每天有大量的外部物料要进入，同时也有大量的成品或订单物料要离开。因此，在月台外部的停车区域会有大量的货车进出作业。

某时刻，进入厂内（或园区）待卸货货车有 m 辆，同时又有 n 辆卡车要将订单物料运走，而此时月台有 p 个，这样的情境有如下几个问题。

1）某个月台当前该用来收货还是发货？
2）某个月台该叫哪辆车来收发货？
3）某个卡车刚进入停车区时应该停在那个车位？
4）某个卡车应该什么时候去月台？该去哪个月台？

如果 m、n 和 p 数量比较多时，人工对上边的几个问题进行最优决策是很难的。人工只能通过经验或者局部视野来进行业务决策安排，但实际效果往往是月台资源利用不充分，出现车辆运行混乱，车辆等待时间过长等问题。

要解决如上的问题，最佳的办法是采用智能软件来实现，也就是智能月台调度管理系统。

智能月台调度管理系统可以实现如下基本功能（与厂内物流系统相关部分）。

1）**车辆入/离场登记**：通过 RFID 或者车辆智能识别系统将进场和离场的车辆信息进行自动登记并存入数据库，便于后续对车辆进行管理和统筹调度。

2）**车位分配管理**：入场的车辆会被系统指定到合理的停车位置，货车司机按停车指令将本车停到指定位置。

3）**任务统筹管理**：系统根据当前的车位资源、月台资源、园区资源、厂内资源等综合调度管理车辆的装货卸货业务。

4）**月台管理**：系统根据月台情况、当前排队的车辆情况和待办业务数据，指定合适的月台作为下个装卸货工作台，并同时通知厂内的出入库资源及时响应。

5）**作业通知**：系统自动将要发生的作业指令发送给货车司机、月台负责人和厂内工作人员，多方协同为月台作业进行同步匹配。

4.2.2 自动化装卸

货车停靠到月台后，需要利用设施将货车车厢内的货物从月台卸载并搬运进厂内。货车车厢内的货物通常是由人工摆放的，因此摆放位置和方式难以形成固定规则。如果每次来的物料单元不统一、摆放形式不规则，很难实现自动化卸货。如果货车来料每次相对固定统一，货车也形成标准化运作，则实现自动化较容易。

单料箱自动装卸系统

我们将接收时的物料按照料箱类和托盘类两种分别介绍对应的自动化装卸。

1. 料箱类

为了使货车运输的货物量最大化，料箱在货车车厢内必定是紧密堆叠码放在一起的。因此货车在卸货时需要将料箱一一拆分并转运到厂内。

批量料箱自动装卸系统

如图4-16所示为纯人工的作业流程，其卸载收货是按照如下的步骤完成的。

图4-16 人工卸货过程

1）进入货车车厢。
2）用肉眼判断先从那个料箱下手。
3）将其从堆垛中抱下来。
4）将料箱从车厢搬运入厂。
5）再次返回车厢。
6）直到车厢清空。

拆解上边的几个步骤，我们可以采用一定的智能化技术手段代替人工完成。每个步骤替代方式如下。

1）自动搬运或输送设备。

2）智能视觉识别系统和物料定位系统。

3）类机械手拆垛机构。

4）自动搬运或输送设备。

5）自动搬运或输送设备（返回车厢）。

6）智能视觉识别系统或业务逻辑数据对比系统。

其中步骤 1)、4)、5) 比较容易实现，即使用自动化搬运设备替代人工将物料从货车车厢搬运到厂内。步骤 2)、3)、6) 需要结合一定人工智能技术才能实现。按照自动化等级可以将料箱的自动化装卸分为如下两大类。

（1）半自动

由于车厢内的搬运距离随着货物的卸载过程逐渐变长，为了缩短人工放置物料的行走距离，常用的解决方案是采用可伸缩皮带推送机代替人员在车厢内的行走。人工将卡车里的货物拆下随手放到身边的皮带输送机上，皮带输送机自动将物料输送到另一端，供下游收货处理，如图 4-17 所示。

输送机式自动装卸系统

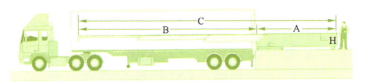

图 4-17 可伸缩皮带输送机

若将人工步骤进一步简化，为减少人工抱物料的动作，则可以配套可移动的助力机械，帮助人工轻松将料箱从车厢转移到可伸缩皮带输送机上，如图 4-18 所示。

货叉式自动装卸系统

图 4-18 可伸缩皮带输送机加助力机械

继续将人工步骤用机械替代，可以配置专用抓取机械手，人工通过肉眼定位使机械手直接抓取料箱到可伸缩皮带输送机上完成收货。

为更进一步提高卸货效率，对某些标准物料，通过一定的特殊夹具机构，可以批量将物料从货车车厢直接搬运到可伸缩皮带输送机上，输送机本身可足够应付批量物料搬运的效率，如图 4-19 所示。

AGV 自动装卸系统

图 4-19 专业卸货机械

（2）全自动

半自动装卸方案对于物料位置的识别都是通过肉眼完成的，如果机械手能自动定位每个要抓取的料箱位置，则可以实现车厢内全自动卸货，全程无须人工的参与。

如图 4-20、图 4-21 所示为美国 Bastian 公司的自动装卸系统。该系统将机械手和皮带输送机巧妙地整合到一起，可以将货车车厢内整齐摆放的料箱一一拽取并直接输送到下游，实现物料的无人化卸载。

图 4-20 Bastian 的自动装卸系统

图 4-21 Bastian 的自动装卸细节

如果料箱尺寸不统一，并且在车厢内码放不规则，需要配备智能视觉识别系统来判断车厢内物料单元的位置坐标、姿态角度。系统获取这些信息后，通过计算来控制机械手将物料抓取到输送机上并传输到下游，如图 4-22 所示。

图 4-22　带视觉识别系统的自动装卸机器人

另外，为提高卸货效率，机械手采用特殊夹具批量抓取货物，如图 4-23、图 4-24 所示的美国 Honeywell 公司设计的批量自动收货系统就是如此。采用宽范围的吸盘组，经视觉识别系统扫描后，将多个料箱同时吸附到输送皮带上，在很短的时间内即可完成批量物料的自动化卸载。

图 4-23　HoneyWell 的自动装卸系统（一）

图 4-24　HoneyWell 的自动装卸系统（二）

2. 托盘类

如果是托盘类的物料,则意味着要将比较重的物料从车厢搬运到厂内。对于托盘重载类物料,通常需要使用叉车类物流设施完成人工卸货,如图 4-25 所示。

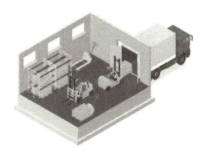

图 4-25 托盘类物料的叉车装卸示意图

托盘类物料单元的自动化搬运主要有两种方式,一种是输送机连续搬运,另一种是离散式搬运(叉车类)。

(1)输送机式自动收货

我们可以将货车的车厢作为上游设备,厂内接驳收货的设施作为下游设备,对于托盘类的物料最简单的上下游对接方式即上下游都为连续输送机,如图 4-26 所示。

图 4-26 输送机装卸接驳方式

因此,在车厢内配置好图 4-27 所示的输送机就可以与月台处的输送机进行对接,以完成自动卸货。

图 4-27 车厢内配置输送机

由于货车非工业设备，又不属于厂内固定设施，因此此处的上下游对接是个难题。首先输送机需要 AC 380V 的三相电提供电力，货车上输送机的驱动电源要能方便供应。通常在月台停靠处会为卡车设置取电点，用来驱动车厢内的输送机，如图 4-28 所示。

图 4-28 车载输送机取电点

卸货时，为保证上下游的输送机在物理位置上能对齐，要求在货车停靠处有导向类的设施以保证货车每次停靠时能使车厢输送机与月台输送机完美对接，如图 4-29 所示。

图 4-29 货车停靠处的导向类设施

由于车厢内需要配置输送机，因此需要对货车进行改造，将输送机相关的机械和电气装置安装在车厢内。

在厂内很多物流作业场景下，托盘不通过上下游同时动作完成搬运，而是通过下游单方面的动作来达到搬运的目的。比如堆垛机从货架上取货时，货架本身不做任何动作，只靠堆垛机单方面动作将托盘叉取出库。同样的原理，在车厢卸货接驳时，也可以在月台安装类似于货叉的装置将托盘从卡车里"叉取"出来，如图 4-30 所示。

图 4-30 货叉装卸接驳方式

这样可以免去对车厢内的改造,也无须考虑动力供给的要求。不过由于接驳的需要,仍旧需要卡车每次停靠定位时要准确统一。

(2)离散式自动收货

对于托盘类物料的卸载收货,人工常用叉车将托盘从车厢里搬运到厂内,叉车属于离散式的卸载收货设备,如图 4-31 所示。

图 4-31 传统的人工叉车装卸接驳方式

将叉车无人化,即采用自主导航的 AGV 代替人工卸货作业,如图 4-32 所示。

图 4-32　AGV 叉车装卸接驳方式

常规 AGV 叉车是按照系统地图中指定的托盘位置去叉取托盘，AGV 叉车本身不能自主动态地寻找托盘的准确位置。因此，一方面需要卡车停靠时位置固定统一，另一方面要求车厢内托盘摆放的位置也要遵循系统的设定规则码放。

由于卡车是厂外非固定的资源设施，因此在车厢内的导航标志设置只能作为粗略参考。AGV 叉车在从厂内进入到车厢的定位导航需要特殊的处理，可以放大定位冗余或者采用复合导航方式。

近几年随着人工智能技术的逐步完善，结合机器视觉识别的智能算法，智能卸载收货系统可以自动识别货车上每个托盘的具体位置，并发送指令给 AGV 叉车去卸载。有些 AGV 叉车本体也自带视觉识别硬件，动态分析当前要卸载的托盘的目标位和角度，以较高柔性来应对摆放不规则和不统一托盘的卸货问题。

4.2.3　收货下游智能集成

货车停靠在月台后，经过手动或者自动的方式将外部物料搬运到厂内后，随即开启在厂内（仓储物流中心）的所有业务环节。

1. 存放形式的改变

由于物料是从外部货车输入的，进入厂内首先会遇到的问题是物料存放形式与后续物流业务不匹配，此时就需要对收货的物料进行存放形式的改变。

通常收货的物料单元主要为托盘类和料箱类。为与厂内的业务形式匹配，通常需要拆托盘或者将料箱码垛到托盘上。

（1）料箱到托盘

收到的料箱经卸载进入厂内需要进行存储。如果仓库是托盘货架，则需要将料箱码垛到托盘上才能进行入库。

如果收到的料箱属于同种物料，可以经由自动码垛设备如自动机械手直接进行码垛。自动码垛环节的上下游组成如图 4-33 所示。

图 4-33　自动码垛环节的上下游组成

1）上游 1：待码垛的空托盘。
2）上游 2：输送料箱的皮带输送机（或车厢）。
3）下游：码垛好后的满托盘。

如果收到的料箱有多个品类，而库内存放的托盘是要严格按照品类存放的，此时需要对收到的料箱进行分类码垛。分类时通过扫描信息介质区分物料的品类，比如条码、二维码、RFID 信息等。

多品类物料自动码垛环节的上下游组成如图 4-34 所示。

图 4-34　多品类物料自动码垛环节的上下游组成

1）上游 1：输送料箱的皮带输送机（或车厢）。
2）上游 2：待码垛的空托盘。
3）下游 1：品类 1 的托盘。
4）下游 2：品类 2 的托盘。
5）下游 n：品类 n 的托盘。

（2）托盘到料箱

若从货车上卸载的物料是以托盘为单位的，而后续要入库存储时需要以料箱为单位，此时需要将托盘上的料箱进行拆垛，拆垛可以由自动化机械手实现。

收货自动拆垛环节的上下游组成如图 4-35 所示。

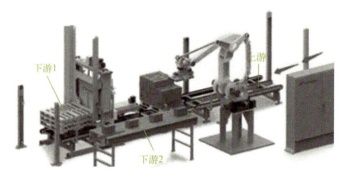

图 4-35　收货自动拆垛环节的上下游组成

1）上游：从月台接收到满托盘的输送线。
2）下游 1：拆垛后剩下的空托盘收集线。
3）下游 2：拆垛后接收料箱的输送线。

2. 物料信息采集

在月台完成物料的卸载和收货后，物料开始成为厂内物料的一部分了。收货的过程是厂内物料在物理位置上的起源，同时也是信息上的起源，因此需要对收货后的物料进行信息采集，这是实现整体物流信息管理的第一步。

对于物料的信息采集，通常由人工使用条码扫描枪对来料的条码号进行扫描，并将条码号及其对应的物料信息录入数据库中。采用自动化收货系统后，物料被置于搬运设备上。在搬运设备上部署相应的传感器，可以快速高效地获取来料的多维信息，信息包括物料尺寸、重量、介质标签号（如条码号、RFID 等）。

1）为了便于利用空间和物料的信息化管理，收货后，有些场景需要对物料进行尺寸采集。系统可以在收货后的输送机上部署外形扫描传感器获取物料的基本尺寸。

料箱类尺寸扫描如图 4-36 所示。

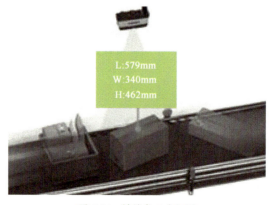

图 4-36　料箱类尺寸扫描

托盘类尺寸扫描如图 4-37 所示。

2）货物的重量也是一项重要的参数指标，可以部署称重传感器到收货下游的设备单元中。如图 4-38 所示，在输送机上安装称重传感器，可以在线获取物料的重量。

图 4-37　托盘类尺寸扫描

图 4-38　重量传感器

3）不同的物料体积或者重量可能相同，不便于标识和检索不同的物料。因此，通常采用条码或者 RIFD 等作为物料单元的标识。不同的物料贴附不同的标签就可以做到各自唯一的身份标识。

条码采集是基于光学技术来完成对数据的读取和收集的；常见的有激光扫描和视觉扫描。如在收货下游输送机上安装条码扫描仪，就可获取经过的物料单元的条码号。其中激光扫描适合单个条码扫描，视觉扫描可以在一定视觉范围内获取多个条码号，如图 4-39 所示。

图 4-39　视觉批量扫码

如果物料单元上条码很多，且需要快速批量读取，可以采用扫描仪移动扫描的方式。比如京东的"竖亥"采集系统，如图 4-40 所示。

若收货物料上采用的是 RFID 标签，则可以在一定范围内通过部署多个天线实现单个或者批量读取，如图 4-41 所示。

图 4-40 京东"竖玄"采集系统

图 4-41 物料的 RFID 标签信息采集

如果从外部带来的物料没有条码或者 RFID 之类的标识，可以采用两种方式处理。一种是将物料放置有条码（或 RFID）的容器中，通过软件将物料信息和容器的条码进行绑定，相当于间接赋予了物料条码号。另一种则是通过自动标签贴附系统，将系统动态生成的唯一标签贴附到物料单元上，如图 4-42 所示。

图 4-42 自动标签贴附系统

以上提及的物料单元经过自动化采集系统后，信息都可以绑定到条码（或 RFID）上，通过条码（或 RFID）就可以反向追溯到收货时采集到的所有物料信息，如图 4-43 所示。

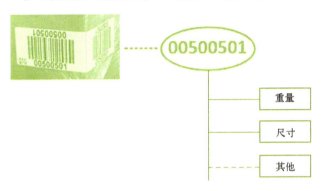

图 4-43 条码信息与物料信息关联

另外，在有些特殊的应用场合，需要将物料的重量、外形尺寸和条码信息一次性扫描收集，因此也可以将上述的多种传感器集成到一起安装到收货下游设备中，以实现来料全方位信息的快速获取，如图 4-44 所示。

图 4-44 多维信息采集系统

4.3 智能缓存系统

缓存是为了补偿上下游的波动或者中断而设置的，并非是输送或者搬运任务所必需的模块。因此，缓存的设置是内部物流主线额外的资源配置，并且通常设置在某些上下游的中间。

因此，额外的配置应该尽可能利用最低的资源来达成。对于缓存，最关键的是要在有限条件下储存必需数量的物料单元。由于储存物料需要占用空间资源，对于理想的缓存，最佳的配置就是能存放一定量物料单元的同时又能使物料占用最小的空间。

在智能物流系统中，缓存最常见的应用有如下几类。

4.3.1 输送机类缓存

输送机由于是连续性输送设备，并且输送机具有"长"这一特点，因此物料单元正好可以利用长度空间临时存储在输送机上。这样输送机除了可以输送物料，也可以利用自身的"长"空间作为物料的缓存，如图 4-45 所示。输送机缓存有积放式和非积放式两大类。

图 4-45 输送机缓存

1. 积放式缓存输送机

缓存输送机上的物料可以简单地认为是按照前后的顺序进行排队并置于输送机型材上的,体现的形式是物料在输送机上前后堆积,先进入的物料在输送机上等待后续物料向其靠拢。

作为理想的缓存,就是在有限的空间内尽量存放多的物料。对于输送机来讲,物料在其上排列时能做到前后无间隔,这样的空间利用率最高,如图 4-46 所示。

图 4-46 输送机理想缓存

为保证物料能前后无间隔,一种简单的方法为输送机传输的前序物料在最远端原地等待后续的物料进入,如图 4-47 所示。

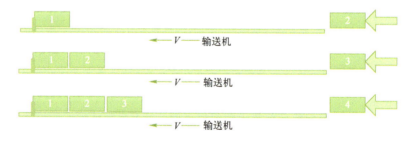

图 4-47 前序物料等待后续物料

最先进入的"1"号物料在输送机的带动下,一直被传输到缓存的最远端并停止,稍后来的"2"号物料也进入缓存。由于"2"号物料在传输的过程中是由与"1"号物料所在的同样的输送机带动的,因此,在"2"号物料的传输过程中,"1"号会离开缓存输送机进入下游。因此,在缓存作用的过程中,输送机的最前端要设置一个阻挡器来防止"1"号物料离开缓存。以此类推,缓存输送机一直接收能存放的最大量的物料单元为止。

假如本段缓存最大能存放 8 个物料单元,则最先进入的"1"号物料在等待后续物料的过程中,要持续承受三个外力。一个是前方阻挡器的阻力(F_1),一个是后方"2"号物料单元的推力(F_2),最后一个是还要承受输送机向前输送的摩擦力(f),如图 4-48 所示。

图 4-48 物料在缓存时的受力分析

鉴于前序进入缓存的物料在缓存未满之前，要一直承受这三种与输送无关的外力，如果持续的时间比较长，则前序进入缓存的物料容易受损。

因此，要使缓存中的物料尽可能地保存完好，可以从减少物料的受力大小和受力时间入手，常用如下几种方式。

（1）将缓存分割成多个缓存段

例如，将上例中缓存量为 8 个的缓存输送机，拆分成两段缓存量为 4 个的缓存输送机，如图 4-49 所示。

图 4-49 缓存段的分割

拆分后的输送机，只要各自接收 4 个物料后即停止动作。以"1"号物料为例，受 F_1、F_2、f 三个力作用的时间有效减少了，从之前需要等待接收 7 个后续物料的时间缩减到等待接收 3 个后续物料的时间；同时由于受力 F_2 和 F_1 的大小与该物料后边的物料个数成正比，因此物料的受力也有效地减小了。

需要注意的是，拆分缓存输送机，意味着要多投入一套设备或者至少要多投入一组驱动装置，因此要合理评估拆分的数量，避免成本提高太多。

（2）减少摩擦受力 f

摩擦力与物体的质量和摩擦系数成正比，物料的重量无法改变，不过可以改变摩擦系数来降低摩擦力。减少摩擦系数最通用的方式为采用滚筒来输送物料，如图 4-50 所示。

图 4-50 采用滚筒作为缓存输送形式

前序的物料在滚筒输送机上等待后续物料的时候，滚筒转动时，前序物料由于前进受阻，在滚筒上打滑，由于滚筒表面光滑，摩擦系数较低，这样就有效降低了前序物料受到的摩擦力 f。

(3) 减小推力 F_2

减少推力 F_2 是为了减少物料与物料之间的挤压,最常见的解决方式为才采用零压力积放输送线,如图 4-51 所示。

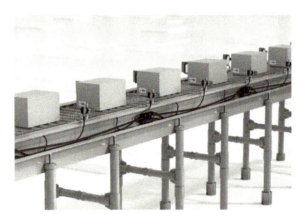

图 4-51 零压力积放输送线

将输送机按单独驱动分割成不同的块,每块有独立的光电传感器和驱动单元,光电开关之间的间距大于物料单元的长度。这样,物料进入本输送单元并到达光电开关处时,对前方进行判断,如果前方有物料积压且没有移动,则当前物料就停止在光电开关处。这样就可以保证物料与物料之间避免了挤压的作用,能有效地保护各物料单元,如图 4-52 所示。

图 4-52 输送机单元组成示意图

上述的方式需要为每一个物料单元配置一个驱动单元,如果只用一个驱动单元,采用图 4-53 的方式也可以做到零压力积放。

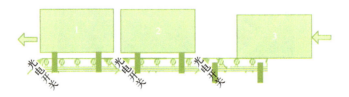

图 4-53 输送机分段举升零积压积放

与单独驱动的零压力积放方式不同的是,由于没有单独的驱动单元,物料停止不是通过驱动单元来实现的,而是通过独立举升单元将物料与输送机脱离的方式实现的,比如图例中"3"号物料在未到最终缓存位置时,举升单元不举升,物料会一直向前输送,待到最终缓存位置时，举升单元动作将物料举升起来，物料将停止在该缓存位置。在前序物料停止时，驱动单元并不停止，可以保证后续的物料持续进入缓存进行积放，如图 4-54 所示。

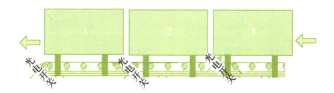

图 4-54　输送机分段举升零积压积放

另外一种减少物料互相接触的方案是，输送机每次接收到新物料后，输送机往前输送的距离只略大于物料本身的长度，如图 4-55 所示。

图 4-55　输送机精确输送完成零积压积放

假设物料的长度为 L，物料在进入本段输送机后只向前输送稍微大于 L 的距离。这样一方面保证了前序物料与后续进入物料的无接触，同时也保证了该段输送机上物料之间的间隙足够小，缓存空间可以充分地被利用起来。

需要注意的是，此种方案要能精确控制输送机单次输送的距离，需要采用步进电动机、伺服电动机或者在输送机上配置编码器。另外也需要知道后续进入缓存物料的长度，通常适合输送规格统一的物料，或者物料在进入缓存之前已进行外形检测。

2. 非积放类缓存

积放类缓存输送机中的物料在有限的输送机长度内尽量存放更多的物料。如果由于运输工艺的要求，输送机本身长度足够长，自身无须积放功能也可达到物料缓存的目的。

输送机的长度由输送起点 A 到终点 B 的距离来决定，但是如果要将输送机作为缓存，则需要尽可能"绕弯路"，将输送机长度刻意加长。比如常见的有图 4-56、图 4-57 所示的螺旋式输送机和在高空加长的输送机。

图 4-56　采用螺旋式输送机作为缓存

图 4-57　采用高空输送机作为缓存

4.3.2　垂直类缓存

在充分利用空间的缓存方案中，物料在缓存中显得紧凑是一方面，缓存本身拓展可用空间是另一个方面。因此除了水平方向，也有向垂直方向要空间来储存更多的物料。

垂直的缓存通常由特殊的机构组成，执行过程主要为，将物料从低到高（或者从高到低）进行互相堆叠。比较常见的有图 4-58 所示的自动叠盘机和图 4-59 所示的料箱自动堆叠机构。

图 4-58　自动叠盘机

图 4-59　料箱自动堆叠机构

4.3.3 复合类缓存

在实际应用中，为了使缓存更加高效、空间利用率更高，常常会结合上述几种方式形成复合类的缓存，能更加合理地匹配上下游和满足实际工艺的要求。如图4-60所示为垂直堆叠机构和输送机构成的复合机构缓存。

图4-60 复合机构缓存

4.3.4 其他缓存

1. 多品类专机缓存

由于生产工艺的要求，某些生产环节需要与物料进行频繁的上下游角色切换，同时物料的种类较多且不确定。为了不影响本环节长时间等待物料响应，需要在该生产环节配置能容纳多品类、多数量的物料以保障供应。

由于物料较多，缓存既要保证空间较高的利用率，同时也要保证输入和输出的效率，此时可以采用类似自动化立体库的专用缓存系统，如图4-61所示的自动存储柜。

图4-61 自动存储柜

再如订单拣选环节中采用机械手环形缓存,如图 4-62 所示。由于要拣选的品类较多,将可能要拣选的物料提前缓存在多层货架里供机器人实时抓取。

图 4-62　机械手环形缓存

2. 地堆式缓存

在工厂或者物流中心,还有一类常见缓存形式是,直接将货物地堆到某些工艺环节附近的地面上。待需要货物时,工人采用机械设施(如叉车)将物料搬运到加工工位上去。

AGV 地堆缓存

这样的缓存不需要地面安装任何机构,柔性强、灵活度高,在一些对柔性要求高的场景下是比较合适的。如图 4-63 所示的 AGV 地堆式缓存。

图 4-63　AGV 地堆式缓存

AGV 地堆式缓存不论是为抵消物流量的波动还是为防止上下游的中断,都要求缓存的效率要高,至少在短时间内比没有设置缓存时的上下游效率要高。因此,为提高地堆式缓存效率，通常采用提高搬运机器人单次搬运量的方式来提高效率，如图 4-64 所示。

图 4-64 AGV 单次双托盘搬运

AGV 多载搬运

3．货架式缓存

与人工地堆的方式类似，采用一些特殊的货架也较适合作为物料的缓存，比如图 4-65 所示的重力式货架（或流利式货架）。重力式货架利用物料自身重力的作用拥有高密度存储的功能，并且具有与输送机类似的积放效果。

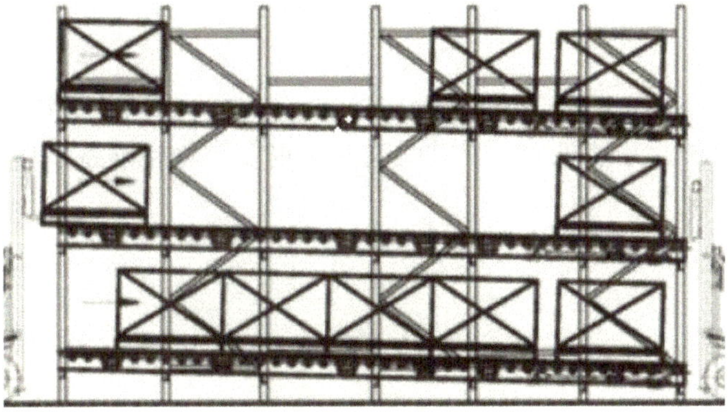

图 4-65 重力式货架（或流利式货架）

4．加工站台多接驳点缓存

工厂中各生产环节需要为下游提供加工原料，如图 4-66 所示。

图 4-66 原料供给示意图

加工工序从物料准备站取走物料进行加工后，由搬运设备将新物料搬运到物料准备站，待下次使用。由于新物料搬运到准备站是需要时间的，如果加工工序正好将上一次物料消耗完毕后，准备站的新物料还未送达，就会出现加工工序等待的情况。加工工序消耗物料和物料供给的时序情况如图 4-67 所示。

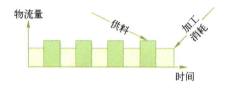

图 4-67　原料供给和消耗时序示意图

由图 4-67 可以看出，加工消耗的速度要比供料的速度快，要使加工工艺不会由于供料不及时而引起停机，一方面可以加快供料速度，如图 4-68 所示；另一方面可以增加单次供料量，如图 4-69 所示。

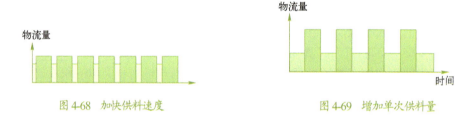

图 4-68　加快供料速度　　　　　　　　图 4-69　增加单次供料量

当供料大于加工消耗时，即可保证加工工艺不停工。供料比加工工艺消耗多出来的物料需要有缓存来承接，可以在加工工序的上游配置多个物料准备站作为缓存，如图 4-70 所示。

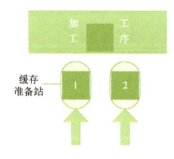

图 4-70　多接驳物料缓存准备站

第五章 智能存储系统

存储是物流系统的核心，在智能物流系统中，智能存储技术发展最快，技术演化得也最精彩。

5.1 智能存储系统概述

在还没有机械设备的时代，就有仓库的概念。由于当时并没有助力类的设备，所以物料在仓库里存储时只能靠人拉肩扛，因而作为物料的最小单元的重量不能太重。

随着现代工业时代的到来，各类机械设备被逐渐研发出来，广泛地应用在仓储物流领域，如叉车。由于叉车可以轻松地搬运和举升超过1t的物料，因此在仓库中，重载托盘类物料被广泛地应用于由叉车和货架组合的场景下。

由于土地与人力成本攀升、生产规模化趋势、效率和服务质量的竞争以及一些特殊生产工况的原因，自动化存储系统逐渐被越来越多的生产企业和物流中心所采用。

理想的智能存储系统具有如下特点。
1）占用最少的空间，存放最多的物料。
2）库内无人参与操作。
3）物料可以立等可取。
4）库存数字化管理。

在20世纪60年代，最早的自动化立体仓库就具有了智能存储系统的原型。当时的立体仓库用来搬运笨重物料，其首先被大规模应用在军事领域。

20世纪60年代之前，若托盘物料量较大，库管员对于托盘的存放和管理是个很大的挑战。当时存储普遍采用的办法是采用叉车挑起托盘，往地上堆。库房里一层放不下，摞起来放两层、三层甚至四层。

随着生产的扩大，物料继续增加，而厂房的空间有限，如果物料继续像以前一样直接堆放到地面上，那势必会变成如图5-1所示的状况。

物料堆满仓库，要取到某些物料，需要层层移挪才能触及。要处理这种情况，需要解决如下几方面的问题。

1）为了保证能随时取到任何的一个物料，必须要预留通道给搬运设施（如叉车）。叉车进入通道后，可以在任意时刻向左或向右存取任意物料。

2）预留出了通道，意味着使用面积的缩小，同样库存的物料只能互相叠摞的更高才能将之前所有的物料存下。

3）被压在底部的物料并不能随时被取放，仍旧需要上下移挪几次才能取到下边的物料，效率低，实用性差。

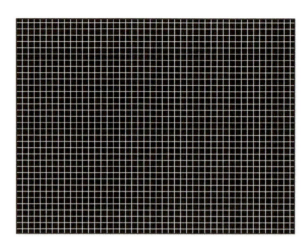

图 5-1 库存溢满

4）要使物料既能互相叠摞，又能随时存取任意物料，则将物料放置于各层分隔的储物格子中，如货架。这样货架从高度上可以配置多层，物料放置在各层货架货位中，互相不干扰，每个物料皆可以随时存取。

5）物料被放置在多层货架上，对于叉车的操作高度、效率、便利性都有了进一步的要求。

随着社会和商业的发展，物料品类更加丰富，仓库的库容量也越来越大。纯手工记录出入库信息和库内物料发生的变化情况显得困难且容易发生错误。而采用自动化存储设备并与库存管理软件直接对接可以将以上这些问题轻松化解。

这样自动化立体仓库孕育而生，并具有如下优点。

1）存储设备不需要原地转向，只向前向后运行。
2）巷道窄，节省面积。
3）可以直接 180°范围内存取物料。
4）可以充分利用高度，最高可达 50m。
5）自动定位，能精确运行到任意位置。
6）人无须再进入仓库做具体操作。
7）库存信息自动更新。

后来立体仓库存储单元逐渐轻量化，并且搬运设备由专用电子控制器来控制运行，库存也由运算更快的计算机系统来管理。现代商业环境的变化，有了更加复杂的存储方案。不过，目前各种智能存储系统都是由最早的立体仓库演化而来的。

现代智能存储系统使仓库内所有与物料有关的劳动被专业存储设备取代，利用智能算法实现收货、上架、拣货、补货、发货、盘点等流程的无人化。

5.1.1 智能存储系统的典型组成

智能存储系统，主要是通过现代智能技术手段代替人工作业的方式完成物料的存储。而由于应用场景和存储工艺要求的不同，各种智能存储系统在不同的行业应用也有一定的差异。在各种不同的存储系统中，都是由如下几个主要部分构成的。

1. 基本物料单元

统一的物料容器有助于降低流通成本,实现标准化管理,同时也有助于智能存储系统的实现和项目实施后的系统平稳运行。

以传统立体库中的托盘为例,如图 5-2 所示的是典型的川字形托盘,上表面平整,方便堆放货物;下表面结构简单,通用性强,便于与多种标准搬运设施配套搬运和存储。

自动化立体仓库要求所有的内部物料单元要统一,通常都将各种物料码放到统一托盘上。

2. 搬运机构

仓库内物料的出库入库动作由专门的自动搬运机构完成。以托盘类自动化立体库为例,托盘的上架和下架、入库和出库的动作都是由自动堆垛机完成的。堆垛机存取托盘是由载货台上的货叉实现的,如图 5-3 所示。

图 5-2 典型的川字形托盘

图 5-3 堆垛机的货叉

3. 存储设施

与物料单元一起配套使用的另外一种设施为存储设施,比如与托盘配套使用的存储设施为货架。托盘的底部横梁"搭"在货架的支撑结构上,即可完成托盘在货架上的静态存储。由于货架可以在同一占地面积下向高处扩展,托盘就可以依次存储在多层货架结构中,如图 5-4 所示。

图 5-4 立体库中的货架

4. 信息管理软件

存储系统智能化，最核心的是要做到系统可以跟踪管理库内任何位置上的物料信息。首先要对物料单元和存储位进行数字化编码。物料单元编码采用条码标签（二维码或 RFID）使每个物料具备唯一的数字身份。而对于存储位则可以通过在仓库内的位置排列规则进行编码，如图 5-5 所示的按照第几区、第几排、第几列、第几层的顺序就可以给所有的存储位置进行数字编码。

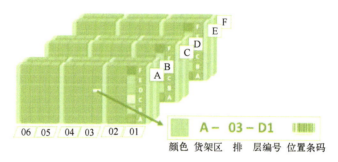

图 5-5　货架货位编码示意图

在每次有物料单元发生物理位置或者信息变化时，可以通过仓储信息管理软件 WMS 将各种数字编码对应的实际货位和物料单元进行信息更新。

以托盘类自动化立体库中的信息管理为例。任何一个托盘物料的相关库内信息都可以被记录到数据库中，同样地，仓库内也可以通过任何事件、存储位置和其他衍生数据能反向追溯到任何一个相关的托盘物料，如图 5-6 所示。

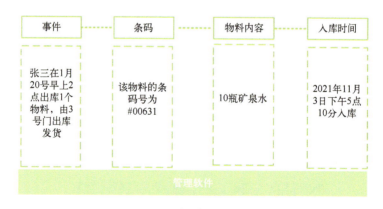

图 5-6　物料信息链接示意图

由于立体库中的基本物料单元为托盘，在托盘上贴附条码标签，在出入库时，通过入库输送机或者堆垛机对托盘条码进行阅读获取当前托盘的数字编码。如图 5-7 所示，如果将位于托盘上的货物信息一并扫码并将其绑定到托盘信息上，可以使托盘的物料信息更加丰富和完善，库存管理更加细致化。

智能存储系统通过将数据库服务器、仓库信息管理软件 WMS、底层设备控制系统 WCS 用各种工业网络连接后，可以进行实时的数据交换。这样存储系统可以跟踪和管理任何的出入库任务、物料详情,以及所有的货位情况,最终达到存储系统的全面智能化管理。

图 5-7　托盘和物料的信息扫描

5.1.2　智能存储系统的布局

如果把物料的存储系统比作一个黑盒子,最理想的黑盒子是体积足够小,但是可以存放足够多的物料,并且可以随用随取。对于智能存储系统,可以根据现有的技术条件和实际的存储工艺要求,通过合理的设计布局,使库容量最大化并实现高效的出入库,做到能符合存储工艺要求的、最理想的智能存储。

双存位堆垛机

物料的存储从作业流程上来分,主要包括以下三个业务流程。

1)入库流程。
2)出库流程。
3)静态存储。

下面分别从出入库和库内静态存储两个角度来分析智能存储系统的布局对于整体系统出入库效率和存储库容的影响。

堆垛机配合重力货架

1. 出入库口布局

在自动化缓存的章节中提到过,仓库本身可以看作是一个较大的物料缓存,随着物料的不断输入和输出,库存会维持在一定的数值范围内。而出库口和入库口布置的差异也会直接影响存储系统的出入库效率和资源利用率。

(1)出入口在异处

由于出库和入库都需要调动相关的资源,比如人力、搬运设备、载具、通道空间等。而且出库和入库业务在方向上正好相反,如果出库和入库在物理位置上被设置在不同的位置,则可以很大程度上避免出库和入库作业的互相影响和干涉,有助于提升整体效率和库存管理水平,布局如图 5-8 所示。

在图 5-8 所示的布局下,从时序上看,同一时刻的出库和入库可以并行作业,如图 5-9 所示。

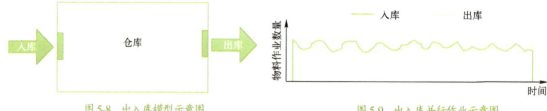

图 5-8 出入库模型示意图　　图 5-9 出入库并行作业示意图

而仓库的出入口设置和生产工艺、建筑条件等有密切关系，在很多应用场景下无法将仓库的出库口设置在理想的方位。此时可以使用折中方案，尽量将出入口设置到互相干涉较小的位置。如图 5-10 所示，出入口不得不设置到同一侧时，可以将出口和入口布局在同侧的两端。

图 5-10 出入口在同侧两端

自动化立体库的设计经常有类似于图 5-11 所示的设计：在立体库的同一侧，入库口和出库口分布在不同的方向，这样出入库的作业发生干涉的概率可有效地降低。

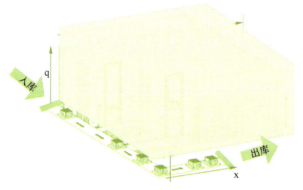

图 5-11 出入口在不同方向

由于智能存储系统通常使用货架存储物料，并经常能达 10m 以上的高度。因此，为了分离出入库作业，也可以在不同的高度进行出入库口的分离设置，如图 5-12 所示。

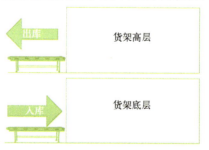

图 5-12 出入库口在不同层

在立体库中常有的设计如图 5-13 所示，一楼作为入库专用，在 7m 高左右的位置做钢架平台并设置为出库专用。这样出入库的物流被分布到不同的层高处，将出入库的作业有效分离，减少出入库的冲突。

图 5-13　立体库出入口在不同层

（2）出入口在同处

在很多的应用场景下，由于工艺条件的约束和建筑的限制，仓库的出入口经常设置在同一处，如图 5-14 所示。

图 5-14　立体库出入口在同处

由于出库和入库的作业都经过同一物理位置，而两者的作业流程方向相反，则必然会导致搬运设备之间的互相避让和等待。针对这种情况，智能存储系统通常采用如下几种方式尽量解决出入库的资源冲突。

1）创造出入库物理分离

如图 5-15 所示，在出入口端分别单独设置出口缓存设备和入口缓存设备，在一定程度上可以减少出入库的资源冲突，提高效率。

2）按照出入库的逻辑时序切换

由于出入库被限制在同一物理位置，处理自身出入方向冲突的问题，就需要系统在一个时间段内只允许一个方向的作业运行，如图 5-16 所示，通过逻辑控制仓库内的设备和资源，在当下只执行出库或者入库中的一种作业。

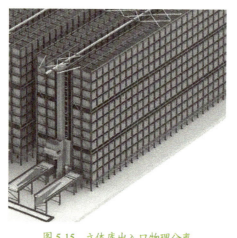

图 5-15　立体库出入口物理分离

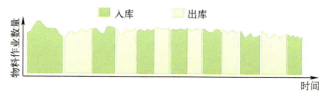

图 5-16　立体库出入口分离时的作业时序图

执行作业的逻辑顺序根据具体库房管理的工艺要求来决定，可以按照出库或者入库订单的时间顺序，也可以按照业务的类型顺序，或者根据特殊的工艺要求来调整下一个要执行的出库或者入库的优先级，如图 5-17 所示。

	作业...	作业产生时间	作业分配...	作业案...	作业类型	作业状态	车...	起始...	目的...	优...	取货...	台车号	读取台...	物料...	物料...
▸1	55192	2022-03-02 ...	09:46:58	232	入库	已启动	0	28488	24317	普通		20...		221...	120
2	55342	2022-03-02 10:...	10:12:57	126	入库	已启动	0	28172	22416	普通		212...		2210...	0
3	55364	2022-03-02 10:...	10:15:58	233	出库	已启动	0	2353	28623	普通		203...		2215...	30
4	55384	2022-03-02 10:...	10:20:55	193	出库	已启动	0	24211	28165	普通		205...		2214...	220
5	55385	2022-03-02 10:...			入库	新作业		28166	24318	+...		205...		2214...	30
6	55410	2022-03-02 10:...	10:25:57	185	出库	已启动	0	21912	28221	普通		207...		2211...	100
7	55413	2022-03-02 10:...	10:26:54	52	入库	已启动	0	28224	2357	普通		203...		2215...	100
8	55426	2022-03-02 10:...			入库	新作业		28624	23511	+...		203...		2215...	240
9	55437	2022-03-02 10:...	11:22:32	136	入库	正在向卸货入...	53	28444	2649	+...	11:2...	209...	20900...	2213...	60
10	55470	2022-03-02 10:...	11:22:08	187	入库	正在向卸货入...	33	28822	21942	+...	11:2...	207...	20700...	2211...	25
11	55483	2022-03-02 10:...	11:23:53	133	入库	正在向卸货入...	36	28552	22859	+...	11:2...	212...	21200...	2210...	0
12	55485	2022-03-02 10:...	10:35:55	54	入库	已启动	0	28230	26214	普通		209...		2213...	0
13	55497	2022-03-02 10:...	11:24:24	251	入库	正在向卸货入...	24	28168	24311	+...	11:2...	205...	20500...	2214...	60
14	55502	2022-03-02 10:...	10:37:59	42	出库	已启动	0	2453	2875	普通		205...		2214...	17
15	55504	2022-03-02 10:...			入库	新作业		2876	2423	+...		205...		2214...	0
16	55518	2022-03-02 10:...	10:40:00	199	入库	已启动	0	28812	22324	普通		212...		2210...	0
17	55519	2022-03-02 10:...	10:40:00	100	入库	已启动	0	28432	26219	普通		209...		2213...	0
18	55521	2022-03-02 10:...	11:26:00	255	入库	正在取货	31	28482	21959	+...		207...		2211...	0
19	55526	2022-03-02 10:...	10:40:58	184	入库	已启动	0	2842	21945	普通		207...		2211...	70
20	55531	2022-03-02 10:...	10:41:57	144	出库	正在向卸货入...	27	2227	28251	普通	11:2...	212...	21200...	2210...	165
21	55544	2022-03-02 10:...	10:44:54	96	出库	正在向卸货入...	25	2225	28671	普通	11:2...	212...	21200...	2210...	151
22	55546	2022-03-02 10:...	10:44:57	121	入库	已启动	0	28162	2149	普通		207...		2211...	0

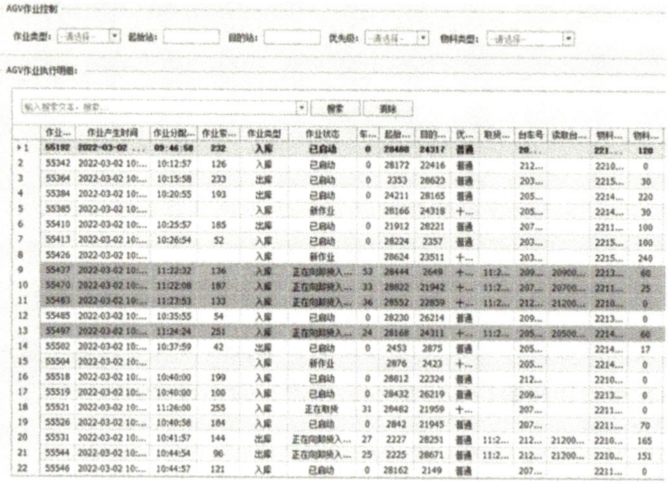

图 5-17　出入库业务顺序控制

3）按照波次集中出入库

仓库的出入库如果完全按照自然发生的顺序，则出库和入库通常是随机和交替发生的。在交替切换过程中，往往需要配套的设施或者设备和相应的资源进行调配切换，而在这种频繁切换的情况下，一方面效率受到影响，另一方面调配相应的资源也要产生成本。在工况或者工艺允许的条件下，系统可以将后续要发生的几笔出入库业务进行重组，即将单次的出库集中到一起，单次的入库集中到一起，也就是系统自动组织波次进行规模化的集中出库或者集中入库，以减少出入库的切换频率，如图 5-18 所示。

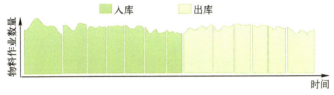

图 5-18　出入库业务按照波次分离

2．存储系统内部布局

存储系统的建设和运营在业务层面最看重两个指标，一个是最大库容量，另一个是出入库的效率。而这两个指标往往是互相制约的。

从库容量的角度来看，如图 5-19 所示的物料存放方式一定是库容量最大的。

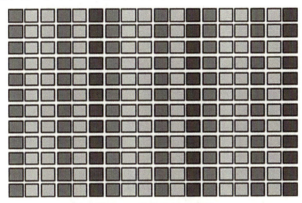

图 5-19　最密库容示意图

但是从出入库效率的角度来看，这种布局方式显然又是最不理想的。系统很难将位于中间的物料单元搬运到出库口，需要将位于其搬运路径上的所有相关物料挪动后才能达成，因此存储一个物料会"牵一发而动全身"，效率低下，浪费资源。

为了能快速地存取任意货物，以达到仓储吞吐的高效率，最常见的存储方式是给存储设备留出通道，存储设备可以一次性存取到两侧的物料。库内留出机动通道的整体布局如图 5-20 所示。

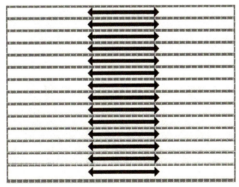

图 5-20　库内留出机动通道的整体布局

存储货物的通道和存取货的示意图如图 5-21 所示。

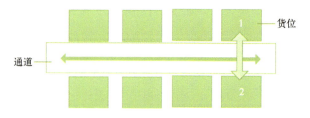

图 5-21　通道和存取货示意图

由于提高了存取货物的效率和自由度，与此同时通道的布置也牺牲了一些可以用来存储货物的空间。而在不同的工艺条件下，仓库存储物料时所采取的布局可以有所不同。比如，如果存储的物料没有质保期的概念，也没有品类区分，也无须先入先出，则可以布局少量通道做成密集存储系统。如果仓库中存储的物料品类繁杂，且严格要求先入先出，并对出入库有较高的效率要求，则必须采用图 5-20 所示的布局。比如常见的有堆垛机立体库和多层穿梭车存储系统，分别如图 5-22、图 5-23 所示。

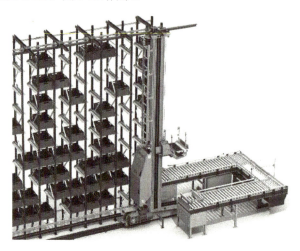

图 5-22　堆垛机立体库

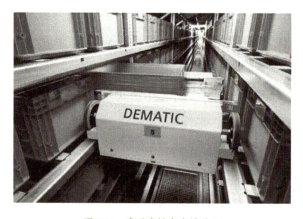

图 5-23　多层穿梭车存储系统

若存储的品类不多，先入先出的要求也不严格，此时应通过优化存储设施的存放规则和增强搬运设备触达能力使存储系统在有限空间内存放更多的物料。比如双存位立体库的设计，双存位存储示意图和双存位堆垛机分别如图 5-24 和图 5-25 所示。存储机构可以在每一侧布置两个存位，1 号和 2 号物料属于同品类并被当作一个整体来控制其出入库。

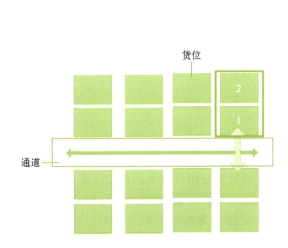

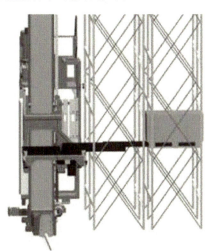

图 5-24 双存位存储示意图　　　　　　　　图 5-25 双存位堆垛机

再进一步减少通道，若存储机构在一个方向上能触达更多的物料单元，就可以构成更加密集的存储系统。

同品类的物料可以由特殊的机构存储到每个单独的"道"中。如图 5-26 所示，每个"道"中最多可以存放 7 个物料单元，同时"道"中的物料单元也可以严格按照先入先出的顺序执行。即物料入库时从"道"的一端入，出库时从"道"的另一端出。

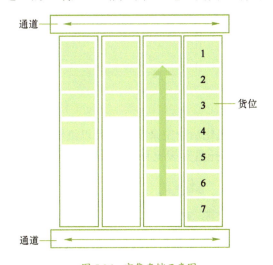

图 5-26 密集存储示意图

在"道"中一进一出的频繁操作下，密集存储区的货位会变成如图 5-27 所示的情形。

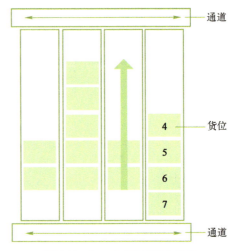

图 5-27 出入库后的存储示意图

经过几轮一端入库和另一端出库的作业后，存储货位会出现很多的空余位置，但却无法存储新进入的物料，因此需要对存储位进行优化以提高闲置空货位的利用率。针对图 5-27 所示的示例，经过对设备储位的局部搬运和优化后，储位会变为如图 5-28 所示。

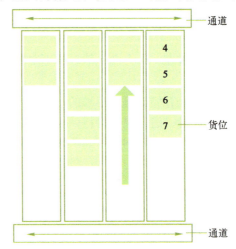

图 5-28 存储优化后的存储示意图

如图 5-28 所示的货位进行优化后的空余空间又可以继续存储相应品类的物料了。

上述密集存储系统常见的有托盘穿梭板存储系统，如图 5-29 所示。

图 5-29 托盘穿梭板存储系统

也有堆垛机配合重力式货架实现的密集存储系统，采用重力式货架可以免去库存优化的过程。通过重力的作用，可以保证空货位一直位于"道"的后端，便于托盘随时有空位置入库，如图 5-30 所示。

图 5-30　堆垛机配合重力式货架实现的密集存储系统

5.1.3　出入库效率

1. 找瓶颈

一个智能存储系统，完整的出入库作业往往不是由单个设备完成的，而是由多个不同功能的设备（或者子系统）共同配合实现的。比如大型自动化立体库，出入库是由多个堆垛机、输送机、移栽机、RGV（Railed Guided Vehicle，有轨穿梭车）共同配合完成的，如图 5-31 所示。

图 5-31　大型自动化立体库

而每个设备在出入库过程中都有各自的吞吐能力。以出库为例，物料要经过 1 号堆垛机、1 号输送机、2 号输送机、1 号移栽机等，最后到达出库口，完成出库过程。

将上述出入库过程中的所有物料设备的单机吞吐率分别计算出来，并找出其中吞吐率最小的设备，如图 5-32 所示，这样就可以找到整体出库的效率瓶颈。根据瓶颈就可获悉出入库的整体效率。

图 5-32　上下游瓶颈示意图

如图 5-32 所示,如果要提升出入库的效率,则提高下游 2 对应设备的吞吐率就可提高整体的出入库效率。

2. 多线程出入库

如果仓库对出入库的吞吐效率要求很高,仓储系统则应尽量避免单线程进出库(下面主要以出库为例),如图 5-33 和图 5-34 所示。

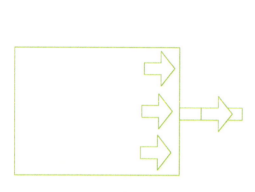
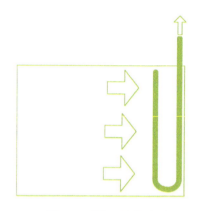

图 5-33　单线程出库(一)　　　　图 5-34　单线程出库(二)

如图 5-33 和图 5-34 所示的存储系统中,出入库的瓶颈往往就在单线程的出入口处。如果此时想再提升系统的整体出入库吞吐率,则需要将单线程变为多线程。多线程可以打破由于单线程造成的瓶颈,使一个存储系统变成平行运行的多个仓储系统,有效提高存储系统的出入库效率。系统改成出入库多线程后如图 5-35 所示。

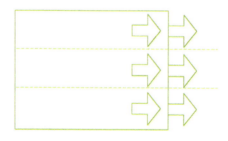

图 5-35　多线程出库

多线程对物料信息管理系统的要求较高,为了保证多线程能实际生效,要求物料在入库时经由物料信息管理系统按照一定的原则尽可能地分配到不同线程对应的存储区。

多线程的分布可以使系统在同一个水平面上实现,比如将立体仓库的不同巷道同时出库到外部,如图 5-36 所示。

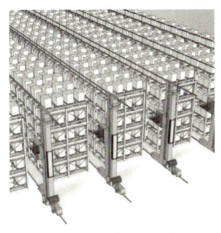

图 5-36　不同巷道同时出库

同时多线程也可以使系统在不同高度的层上实现,比如在多层穿梭车系统中,多个物料可以同时由不同层直接出库到外部,如图 5-37 所示。

图 5-37　不同层同时出库

5.2　托盘类智能存储系统

谈到智能存储系统一定离不开自动化立体库。企业也常常以自己有一套自动化立体库来展示自己的先进性。

自动化立体库最早出现在 20 世纪 60 年代,由于其技术的日益成熟,逐步被全世界和各个行业所采用。自动化立体库并非一项新技术,从 20 世纪 60 年代一直到 2021 年,这么长时间的跨度,立体库的项目没有随着时间减少,反而越来越多。这一方面反映了整个智能物流装备市场的发展情况,同时也证明了自动化立体库的实用性确实很高。

随着各行业商业模式和新科技的发展,厂内物流的具体场景也变得越来越多样化,逐渐衍生出更多、更丰富的新场景需求。而这些新的需求又迫使传统的智能仓储系统做出升级和改变。因此,基于原有的自动化立体库系统,逐渐出现了各种新型的智能存储方案和系统。

在社会规模化生产的趋势下,降低成本和提高效率是长期运营追求的指标。对于自动化立体仓库,在帮助企业降低成本方面有着明显的效果,主要体现在降低土地成本、人力成本、管理成本等方面。同时,采用自动化立体仓库也能实现物料搬运效率的提升和物料管理决策效率的提升。

按照自动化立体库的演化历史，托盘类智能存储系统主要有如下几大类。

5.2.1 经典自动化立体库

自动化立体仓库从研发出来至今，在全球范围内已经有极其广泛的应用。自动化立体库由如下几个部分组成。

1）堆垛机。
2）高位货架。
3）库存管理系统。
4）出入库设施。

细观每个自动化立体库，也一定是这几个部分的异化、重新组合、局部优化后形成的不同的智能存储系统。

1. 经典 1:1

如图 5-38 所示的是经典的自动化立体库的一个单巷道存储图例，一台堆垛机可以移动到出入库端，将托盘叉起并移动到货架某位置后，用货叉将托盘存入高处的货格，完成入库。

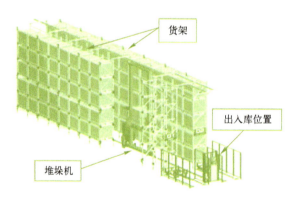

图 5-38 经典的自动化立体库的一个单巷道存储图例

从俯视的角度可以简化为图 5-39 所示的示意图。

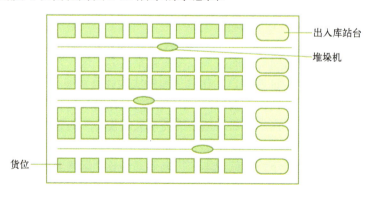

图 5-39 经典的自动立体库的存储示意图

在上述示例的存储系统中，配置有三台堆垛机，每台堆垛机可以处理其左右两排货架里的货物。外部物料要入库时，系统可以根据一定原则将物料运输到这三台堆垛机分别对应的巷道出入库端，之后由堆垛机将物料存入到巷道货架中。

2. 双深位

在同样面积的库房内，为了存放更多的物料或者为减少堆垛机的数量，则可以考虑让单台堆垛机能处理左右两边更多的货物，这样就有了双深位的堆垛机立体库，布局示意图如图 5-40 所示。

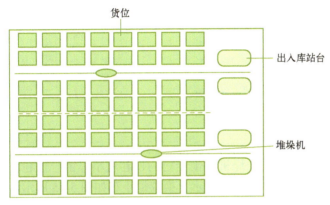

图 5-40　双深位立体库的存储示意图

5.2.2　堆垛机换巷道

如果仓库的效率要求不高，若堆垛机能在不同的巷道之间切换，则在降低堆垛机资金投入的同时又保留了立体库的可用性。针对该类应用场景，堆垛机换巷道的技术也被应用到实际项目中。

转弯堆垛机

换巷道的方式有两种，一种是将巷道的轨道延长并在末端按照一定的曲率延伸至另外一个巷道的轨道上，如图 5-41 所示。

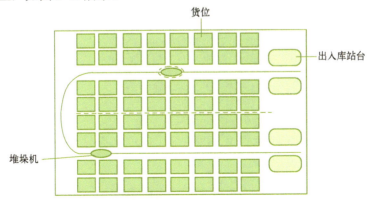

图 5-41　延长弯曲轨道

可沿弯曲轨道运行的堆垛机的行走机构要经过特殊设计。可转弯堆垛机在转弯处的运行如图 5-42 所示。

可转弯堆垛机也可以应用到图 5-43 的场景中：如果两排货架并非平行而是垂直的位置关系，用转弯堆垛机可实现非平行货架上的物料存取。

图 5-42 堆垛机转弯

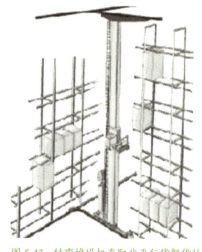

图 5-43 转弯堆垛机存取非平行货架货物

另外一种换巷道方式是使堆垛机乘坐专门的换巷道小车由一个巷道换到另外一个巷道，示意图如图 5-44 所示，换巷道小车如图 5-45 所示。

堆垛机转轨

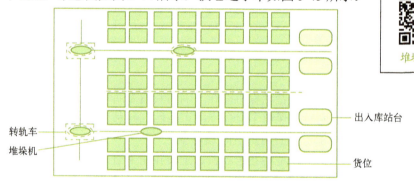

图 5-44 转轨布局示意图

图 5-45 换巷道小车

5.2.3 单巷道双堆垛机

在有些应用场景下,仓库的出入库效率要求较高,而一个巷道在作业繁忙的时候,出入库作业由一台堆垛机可能无法完成,此时如果在单个巷道内设置两台堆垛机则可以极大提升整体效率。当然此时也要有多个出入库端口设施的配合。典型的布局示意图如图 5-46 所示。

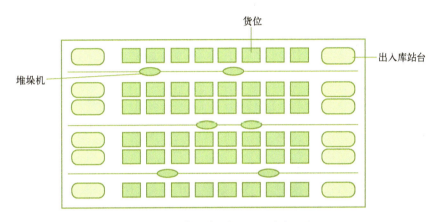

图 5-46　同轨双堆垛机的立体库布局图

此种场景下,同一巷道内的两台堆垛机要保证能同时运行,且不受彼此的影响。这对堆垛机的运行控制提出了很高的要求,需要有智能调度算法来使两台堆垛机互相避让,并行协同作业。同轨双堆垛机的示意图如图 5-47 所示。

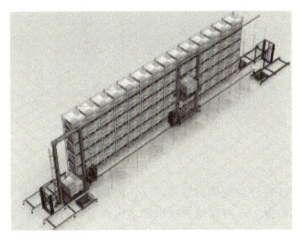

图 5-47　同轨双堆垛机的示意图

5.2.4 单堆垛机双货叉

为了达到高效率,单个巷道内布置两台堆垛机必然成本不菲,而对于像堆垛机这种离散式搬运设备,提高效率的另外一个办法是增加单次的搬运量。增加堆垛机单次的搬运量最直接的办法就是将堆垛机设置为双货叉运行模式，即堆垛机本体上可以承载两个托盘，布局如图 5-48 所示，双货叉堆垛机如图 5-49 所示。

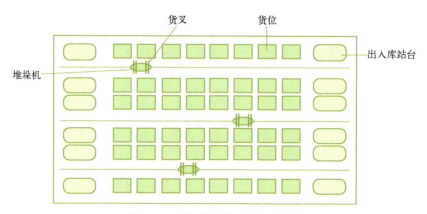

图 5-48　双货叉堆垛机的布局示意图

图 5-49　双货叉堆垛机

5.2.5　密集型立体库

虽然自动化立体库在各行业应用得非常广泛，但是近 20 年随着电商的快速发展、商业模式和社会经济的变化，很多厂内存储系统也随之出现了新的需求，其中很主要的一个原因是随着各方面成本的上升，存储系统有了密集化的需求。目前密集型的立体库有很多种，按照存储设备的运行特点，主要包括如下几种。

1. 多深位存储立体库

为了在同样仓库面积内能存放更多的物料，一个办法就是尽量地减少巷道的布置，即把"双深位"存货方式做到极致，也就是"多深位"存储系统，示意图如图 5-50 所示。

多深位堆垛机

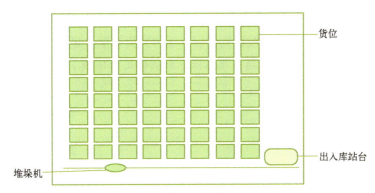

图 5-50 多深位存储立体库

多深位就需要堆垛机的货叉能升得足够远，能探到更远的货物，而这对于货叉这种结构是很难实现的。这就需要将货叉进行异形改造，使其能触及更远的货物。一种异形结构如图 5-51 所示。

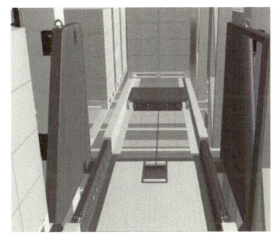

图 5-51 异形结构的货叉

传统堆垛机将载货台改造成可以存取更远范围的特制机构，就可以实现密度更高的多深位存储系统。

2. 重力型货架+堆垛机

在堆垛机载货台上配置可以远距离伸缩的异形存取机构对堆垛机提出很高的要求，而如果把这种伸缩的功能转交给第三方机构，而堆垛机只用最传统的方式，则整个系统会简单很多。重力式货架正好具备使货物朝一个方向密集存储的功能。因此，在重力式货架的两头各配置一台堆垛机，一端的堆垛机负责送货，另外一端的堆垛机负责取货，则可解决这种密集型的存储需求。

整体布局图如图 5-52 所示，重力式货架配合堆垛机如图 5-53 所示。

3. 穿梭板+堆垛机

重力式货架在存放载重较大的物料时，滚筒长时间使用会有偶发性故障。如果某一道的重力滚筒出现问题，则需要花较大的精力处理维修后，才能重新投入使用。而堆垛机载货台自带延伸机构又显得不够灵活。

堆垛机配穿梭板

随着一种穿梭板密集型半自动存储系统的广泛应用,给堆垛机密集型的全自动化应用的实现带来新的可能。堆垛机可以移动穿梭板到任何一道密集货架里,穿梭板只负责该货架的内部移动,这样堆垛机和穿梭板相互分离,冗余性和系统稳定性也有了提高。

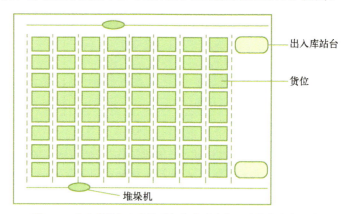

图 5-52 重力式货架配合堆垛机组成的密集立体库整体布局图

图 5-53 重力式货架配合堆垛机

典型布局图如图 5-54 所示,堆垛机配合穿梭板如图 5-55 所示。

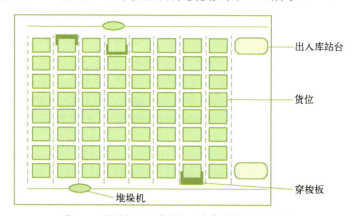

图 5-54 堆垛机配合穿梭板的密集存储系统布局图

图 5-55　堆垛机配合穿梭板

4. 子母穿梭车立体库

堆垛机结合穿梭板的自动化立体库里解决了高密集存储的问题。这种存储系统出入库效率的瓶颈在堆垛机上,每一层货架中货物的处理都需要巷道唯一的堆垛机运行至该层才能作业。如果每层都有个单独运行的存储设备就能提升更高的效率。子母穿梭车立体库就是基于这种形式而设计的。每层货架都有专门的母车和子车来配合完成当前层所有货物的存取,不同层之间的转运通过多台提升机来完成。

整体布局图如图 5-56 所示,子母穿梭车如图 5-57 所示。

子母穿梭车

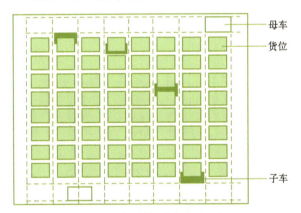

图 5-56　子母穿梭车密集存储系统布局图

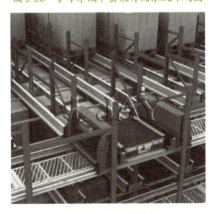

图 5-57　子母穿梭车

5. 三维穿梭板立体库

上述子母密集存储方案里对于每层的货物都需要一个母车运行在固定的轨道上,然后再释放子车到对应的巷道里去存放货。如果将母车和子车合二为一,可以降低成本,同时也可以使系统更加灵活、简洁。三维穿梭板集合了母车横向行走和子车纵向行走的功能,可以随意地行走在任何巷道,也可以乘坐提升机到各层作业,整体布局如图 5-58 所示,三维穿梭板如图 5-59 所示。

三维穿梭板

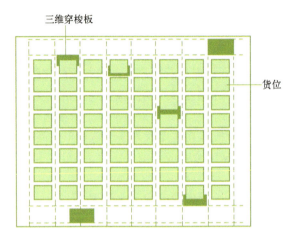

图 5-58 三维穿梭板密集存储布局图

图 5-59 三维穿梭板

5.2.6 无轨柔性立体库

不论是经典堆垛机立体库还是后来演化的各种密集存储系统,其搬运设备都是沿着既定轨道运行的。这意味着轨道一旦被安装就位后,若存储工艺发生变化,很难改变原有的系统和结构。而柔性化的自动化立体库也会是未来发展的一个很重要的趋势。

采用激光导引 AGV 配合货架的存储方式,就是柔性化立体库的一种尝试,在效率要求不高的场景下,得到了一些应用,如图 5-60 所示。

图 5-60　无轨柔性立体库

5.3　料箱类智能存储系统

社会整体商业模式的变化导致了内部物流的另外一个发展趋势,即订单的碎片化。碎片化的订单使得以托盘为存储单位的方式不再适用,存储系统有了物料轻量级的需求,即以料箱为单位的存储系统。料箱类智能存储系统按照功能演化历史分类有如下几大类。

5.3.1　经典 Miniload 立体库

料箱类智能存储系统是在托盘类智能存储系统上发展出来的。从传统托盘类自动化立体库到料箱类自动化立体库,可以简单地理解为将重载的设施更换为轻载的设施,料箱自动化立体库通常也叫作 Miniload 立体库。

经典 Miniload 立体库

Miniload 立体库与传统的托盘类自动化立体库采用的是同样的技术,比如系统整体构架和设计、堆垛机控制系统的实现、堆垛机与配套设施的匹配(出入库端、货架、地面、消防等)、自动化立体库信息管理系统与自动设备的对接等。

与经典托盘类自动化立体库的平面布局类似,Miniload 立体库常见的布局如图 5-61 所示,设备组成如图 5-62 所示。

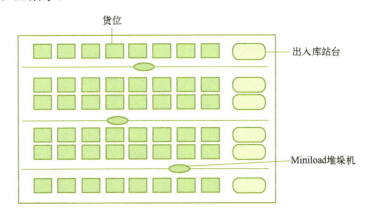

图 5-61　Miniload 立体库布局图

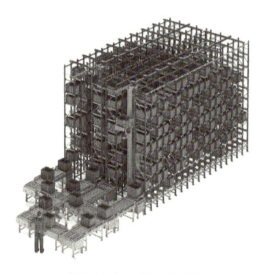

图 5-62　Miniload 立体库设备组成

Miniload 立体库在 20 世纪 70 年代就开始在国外投入使用，随着商业的发展、应用场景的变化和自动化技术的进步，Miniload 立体库也在逐渐地发展中，主要体现在高密集和高吞吐量两个方面。

1. 高密集

与托盘类自动化立体库的发展过程类似，Miniload 自动化立体库也有更加密集的应用场景，要求每台堆垛机能触及更多的料箱。因此也有类似的单深位、双深位、三深位甚至更多深位的密集 Miniload 自动化立体库，如图 5-63、图 5-64、图 5-65 所示。多深位的料箱类存储货位用法与托盘类的类似。

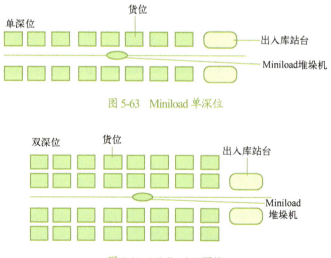

图 5-63　Miniload 单深位

图 5-64　Miniload 双深位

与托盘类重力式货架结合堆垛机构成的密集存储系统类似，也有 Miniload 堆垛机配合流利式货架构成的料箱类密集存储系统，如图 5-66 所示。

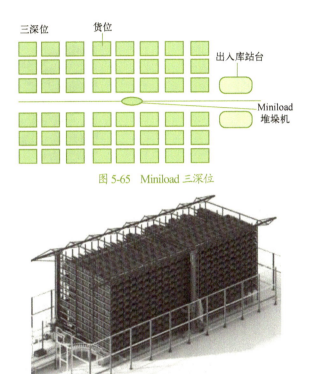

图 5-65　Miniload 三深位

Miniload 与流利式货架

图 5-66　Miniload 与流利式货架组成的密集存储系统

2. 高吞吐量

对于离散式搬运设备，想提高其吞吐量，一方面可以提高 Miniload 堆垛机的运行速度，比如一些 Miniload 堆垛机的水平运行速度能高达 300m/min；另一方面也可以通过提升单次搬运的装载量来实现。

1) 堆垛机上的双料箱存储机构和分离的双载货台，分别如图 5-67 和图 5-68 所示。

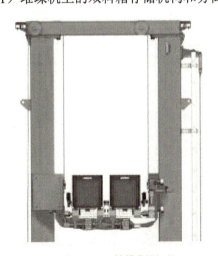

图 5-67　双料箱存储机构

图 5-68　分离的双载货台料箱堆垛机

双载货台 Miniload 堆垛机

上下分离双载货台 Miniload

2) 双层分离的载货台上叠加双存储货位，如图 5-69 所示

3）同一巷道内多台 Miniload 堆垛机并行实现吞吐量的最大化，如图 5-70 所示。

图 5-69　上下层的双料箱堆垛机

图 5-70　同轨双料箱堆垛机

与传统托盘类堆垛机不同的是，料箱堆垛机由于处理的轻载物料通常在 30kg 以内，因此 Miniload 堆垛机上的存取机构可以采用新的方式：伸缩夹抱的方式。这种方式省去了传统货叉的提升动作，使料箱的存储过程更快。传统货叉如图 5-71 所示，伸缩夹抱机构如图 5-72 所示。

Miniload 立体库的使用前提是，所有的物料都是统一尺寸的，比如同样的周转箱或者统一尺寸的纸箱。而能处理各种不同尺寸料箱的立体库是满足市场碎片化、产品差异化需求的必经之路。通过改进夹抱机构使其可自调整以适应不同的料箱尺寸的方式，也在广泛的应用场景下会逐步投入使用，如图 5-73 所示。

图 5-71　传统货叉

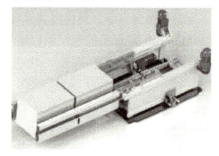

图 5-72　伸缩夹抱机构

图 5-73　变尺寸夹抱机构

5.3.2 多层穿梭车系统

现代商业模式下的商品种类越来越多,订单碎片化也越来越普遍,对物流时效性要求也是越来越高。仓库已经不只是存储和保管物料,还要扮演支撑快速周转和订单拣选的角色。比如很多电商的仓库拣选作业需要做到每人每小时 600 个订单的高吞吐量。

多层穿梭车

常规的 Miniload 立体库是无法满足这种超高吞吐量的场景要求的。如图 5-74 所示,在一个轨道上布置多台 Miniload 堆垛机,由于会互相干涉,堆垛机之间的互相避让对效率的提升有限。

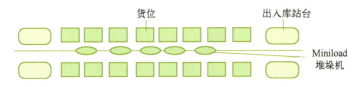

图 5-74 同轨多堆垛机布局

而从垂直方向按层把堆垛机分割后布置到各层上,则可将一个巷道内的各层出入库同时并发进行,效率得到"层数倍"的提升。比如堆垛机有 10 层,按层分割后每层设置一个出入库设备,整体效率将会是原来的 10 倍(理论上是,现实可能会有差异),如图 5-75 所示。

图 5-75 每层一个出入库设备

多层穿梭车就基于这样的理念被研发出来的,如图 5-76 所示。

图 5-76 多层穿梭车

穿梭车只在本层的轨道上前后运行,并用伸缩夹抱机构进行料箱的存取。不同穿梭车在不同货架层上前后运行并存储料箱,从而代替了单个堆垛机的运行。由于穿梭车没有升降功能,因此需要将物料放置于每层的端口处,由专用提升机完成各层的互换。传统堆垛机的垂直升降动作转移给了巷道口的料箱提升机,这样多层穿梭车负责各层的水平料箱搬运,提升机负责垂直方向的物料移动,提升机的吞吐率成为多层穿梭车系统出入库的效率瓶颈,将提升机的效率提高即可整体上满足超高的存储系统吞吐量。

多层穿梭车系统的布局如图 5-77 所示,多层穿梭车系统的组成如图 5-78 所示。

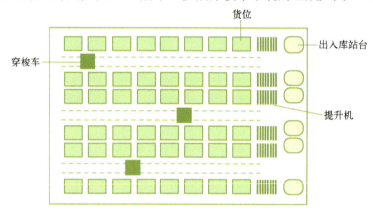

图 5-77 多层穿梭车系统布局

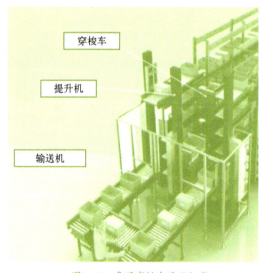

图 5-78 多层穿梭车系统组成

5.3.3 四向多层穿梭车系统

多层穿梭车立体库里的每个穿梭车只能处理左右两排货架里的料箱。如果货架排数较多,那就需要立体库配置更多的穿梭车用来给多个巷道的料箱进行进出库作业。如果穿梭车能自己移动到隔壁的巷道里,那多排货架用少量的穿梭车就能完成所有料箱的进出库作业。这就要求穿梭车除了能前后移动,也能左右移动,这种穿梭车称为四向多层穿梭车。

四向多层穿梭车

在吞吐量要求不算太高、布局需要更加灵活、需要节省整体系统投资的场景下，四向多层穿梭车系统是较为理想的选项。

四向多层穿梭车系统整体的布局如图 5-79 所示，四向多层穿梭车如图 5-80 所示。

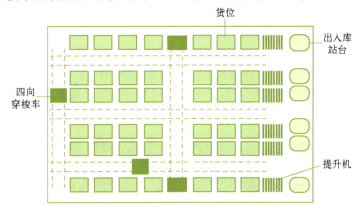

图 5-79　四向多层穿梭车系统布局图

图 5-80　四向多层穿梭车

5.3.4　可爬升的多层穿梭车系统

不论是两向多层穿梭车系统还是四向多层穿梭车系统，物料从货架高处到拣选层都是通过提升机完成的。如果穿梭车能带着物料在货架中上升下降，则可以省掉提升机构，从而使系统的搭建更加轻量化，系统柔性也有极大的提升，如图 5-81 所示。

可爬升的多层穿梭车

图 5-81　可爬升的多层穿梭车系统

5.3.5 "两栖"多层穿梭车系统

不论是 Miniload 还是多层穿梭车系统，库内的搬运设备由于必须沿着既定轨道运行，因此只能负责库内货架区域的物料存储。物料离开立体库到其他上下游设施的过程，多数都是采用输送机来实现的。

两栖穿梭车

如果堆垛机或者穿梭车能离开货架直接搬运货物进入上下游，那么系统的柔性将进一步加强，系统整体配置结构更加简单。"两栖"穿梭车由此被研发出来。此类穿梭车不仅能在货架内进行物料的存储，还可以直接离开货架在地面运行到人工拣选工位处，如图 5-82 所示。

图 5-82 "两栖"穿梭车系统

5.3.6 垂直式存储系统

垂直式料箱存储系统

前文介绍的所有料箱类存储系统对于料箱单元的存储动作都是由自动搬运机构朝着货架左右的方向完成料箱的存储，搬运设备是沿着巷道运行的。

如果把巷道去掉，那这样的仓库势必是最密集的。基于这种思路挪威的 AutoStore 公司研发了垂直式存储的料箱自动立体库，如图 5-83 所示。这种自动立体库由垂直的货架单元格组成，料箱被搬运机器人放到垂直的格子里，料箱和料箱之间是上下堆叠的，所有的存放动作由位于货架上方的多台搬运机器人完成，货架既是存储料箱的容器，也是搬运机器人运行的轨道。

图 5-83　垂直式料箱存储系统

5.3.7　其他料箱类智能仓储系统

在现实情况中，由于存储工艺和现场工况的不同，不同的行业往往会有自己特殊的需求场景。因此除了上述的几种料箱类智能存储系统外，工程师们有针对性地又开发出了一些在特定应用场景下的特殊料箱类智能存储系统。

1. 无货架式垂直存储系统

前面介绍的各种料箱类立体库形式都是将料箱存放到货架里，如果不用货架，料箱直接垂直地堆叠在地上，然后由一个天车式的桁架机构进行存储也可以完成同样的自动存储效果，如图 5-84 所示。这种存储系统需要上下料箱之间互相能嵌套得很好，保证有足够的稳定性。

无货架式垂直
存储系统

环形货架机器人
存储系统

图 5-84　无货架式垂直存储系统

2. 环形货架机器人存储系统

料箱类存储系统的货架占地范围整体上是长方形的布局，自动化存储设备需要顺着长边的巷道方向进行快速移动才能存取到所有的物料单元。而移动就需要消耗时间，如果当前的订单需要出入库很快，并且存储的容量不大的话，可以考虑用图 5-85 所示的存储系统——环形货架机器人存储系统。比如在菜鸟无人仓里，由机械手配合环形货架组合而成的小型立体库作为订单物料缓存，达到快速出入库的目的。

图 5-85　环形货架机器人存储系统

旋转货架存储系统

3. 旋转货架存储系统

货物移动代替设备移动，即整个货架单元旋转起来并结合自动存取机构也可以完成自动存储的目的。这种方式在电商行业里已经有成熟的案例和应用。

如在苏宁智能仓里，料箱存储在一个可以自动旋转的货架结构里，在旋转货架的一端配置一个可以从货架上自由提取料箱的进出库机构，如图 5-86 所示。

图 5-86　旋转货架存储系统

4. 柔性机器人料箱存储系统

随着亚马逊投资 Kiva 公司之后，类 Kiva 搬运机器人在电商行业有了爆发式的应用。类 Kiva 机器人无须安装地面固定轨道，在通道的地面贴好二维码后，机器人控制系统采用惯性导航方式即可指导搬运机器人在仓库内自由地运行。基于类 Kiva 搬运机器人的底盘，一些可以在高位货架进行

柔性机器人料箱存储系统

料箱存储的机器人也在积极地被应用到现场物流活动中,如图 5-87 所示。

图 5-87　柔性机器人料箱存储系统

第六章 智能拣选系统

由于物流订单的碎片化特征越来越明显,各种智能技术在拣选策略和拣选战术层面都被应用到了极致。

6.1 智能拣选系统概述

仓库一方面在接收新的物料,另一方面仓库的下游也要消耗库存。消耗库存意味着仓库出库业务的发生。

不论是工厂还是商业交易类的仓储物流中心,常见的物流模式都是批量物料的集中入库和较为零散的订单出库,如图6-1所示。

图6-1 入库出库典型模式

出库时会引发一个问题:由于出库任务是按照订单进行的,而订单是由下游的不同客户在不同的时间发出的订单,抑或是由于不同的下游生产工艺生成的物料供给需求而引发的出库订单。这些出库任务生成的订单绝大多数是零散无序的,这就势必会要求在出库的时候要在库内进行物料拣选的工作。

由于出库的目标客户不同,拣选量也会有不同,因此拣选的工作主要分以下两大类。

1)整箱拣选,体现方式是从仓库中的托盘上直接挑选正确的料箱出库,如图6-2所示。

2)拆零拣选,体现方式是首先找到仓库内的料箱,并将其打开,再将里边的小件拣选出来并出库,如图6-3所示。

上述两类拣选的工作中,不论是整箱拣选中的料箱还是拆零拣选中的小件,都属于订单物料中的一部分。

随着社会商业模式的变化,30年前的仓储中心大都是以整箱拣选为主,而现代物流业务中的拆零拣选占的比重越来越高。

图 6-2　整箱拣选示意图

图 6-3　拆零拣选示意图

整箱拣选和拆零拣选有很多不同，主要包括如下几个方面。

1）存储方式不同。整箱通常存储在入库后的托盘上，待拆零料箱常被存放在单独区域的隔板式货架中。

2）载重不同。整箱的载重通常在 5~20kg，拆零后的物品重量大约 1kg 甚至更小。对于整箱的订单拣选，需要借助托盘车来搬运。

3）外形规则。整箱基本上是规则的长方体，并有结实的外包装，比较容易实现自动化设备的抓取。而拆零的物品，则绝大部分都是非规则的，不利于自动化设备的提取。

4）拣选后存储单元。整箱拣选后通常可以直接放到托盘上作为最终订单的包装形态，并可以直接发货给终端客户或者运送到下游工艺；而拆零拣选后的物品通常还需要进一步打包后再出库。

5）占地分布。由于整箱存放在以托盘为单位的设施中，而一个托盘物料的体积往往是拆零料箱的几倍到几十倍，因此拣选时对应的 SKU（Stock Keeping Unit，最小存货单位）的货源占地面积和拣选的路径长度也完全不一样。

从物流业务流程上看，整箱拣选和拆零拣选也有所不同，整箱拣选业务流程如图 6-4 所示。

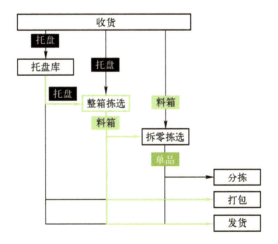

图 6-4　整箱拣选业务环节示意图

拆零拣选业务流程如图 6-5 所示。

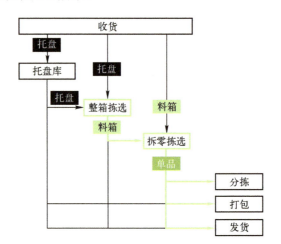

图 6-5 拆零拣选业务环节示意图

不管是整箱拣选还是拆零拣选，核心问题都是要解决拣选效率。假设拣选出库的订单量为 V，单人的拣选效率为 p（单位为个/h），n 个人同时做拣选工作，若统计一天（T 为工作时间，单位人）的拣选工作量可以简化为：

$$V = n \times p \times T$$

随着出库业务的增加，即 V 值越来越大，要想按要求完成拣选工作任务，则可以通过增加拣选人数 n 或增加工作时间 T 来解决。

不论是增加人数还是延长工作时间，都是需要长期投入成本的，比如人员劳务费和相关的管理费等。因此，提高单人拣选的效率是比较合适的方法。

将基本的拣选作业过程拆解成如下关键步骤。

1）接收出库拣选订单。
2）准备好拣选的容器和搬运设施（如小推车）。
3）行走到仓库。
4）查询订单的内容，搜寻目标货物位置。
5）朝目标货位行走，边走边寻找。
6）找到目标货物后，从货架中取出正确的数量，并放入拣选容器中。
7）开始拣选订单中的下个货物，重复步骤4）～6）。

将上面的作业过程进行分类，并对各分类动作进行消耗时间上的统计，大致分布如表 6-1 所示。

表 6-1 拣选动作统计表

动作	时间占比
行走（W）	55%
寻找（S）	15%
取货（R）	10%
信息登记等其他动作（I）	20%

由表 6-1 的统计分析结果，可以得知拣选作业效率提升的几种方法。

1）最耗时间的是"行走"的过程，因此如果能想办法减少行走时间，则可以大幅提高拣选效率。

2）海量的货物分布在仓库中，人工需要借助 IT 信息系统来辅助寻找需要的货物。

3）取货是拣选的核心，将拣选工作的时间尽量集中在取货的环节。

4）采用订单处理系统自动记录订单信息，可减少信息登记的操作时间。

总之，拣选的理想状态就是取消所有其他与"拣货" R 动作无关的环节，如图 6-6 所示。将工作的时间都集中在"拣货"动作上，使拣选工作尽量"机械化"，增加拣选员的拣货密度。

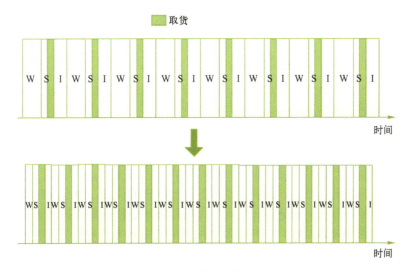

图 6-6 增加拣选密度示意图

为达成如上的目标，工程师运用先进的智能技术，发明了各种拣选的智能化方案和系统，缩减与"拣货"无关的环节以提高整体拣选效率。

6.1.1 提高移动速度

在订单拣选的过程中，行走消耗的时间最多，加快行走的速度是提高拣选效率最直接的途径。

以整箱拣选为例，通常的办法是采用电动托盘车来代替人工行走，缩短拣选人员行走时间。拣选类车辆都属于离散搬运设备，通过增加单次的搬运装载量，间接提高搬运效率，减少拣选人员的往返行走时间。

在拣选过程中，如果拣选的订单比较密集，拣选员需要频繁地上车、下车、启动和停止车辆，影响了行走的速度，此时采用激光导引的无人托盘车，让人专注于拣选动作，而托盘车配合拣选员自动行走到需要拣选的托盘位置，可以间接地加快拣选的速度。

如图 6-7 所示，无人托盘车由智能调度系统指派到要去拣选的目标位。如果当前的拣选订单包含有 N 个目标位，智能调度系统会生成一个最优的拣选路径并指挥无人托盘车移动到所有目标位，保证能在最短时间内走最短的路程，以完成订单内所有物料的拣选。

图 6-7　AGV 配合整箱拣选

拆零拣选场景下由于对效率要求更高，目前有各种高速运行的智能搬运机器人来代替人工，将行走消耗的时间压缩到最小。

6.1.2　提高搜索速度

最原始的订单拣选方式是拣选员根据纸质订单到仓库内寻找。拣选员一方面要翻看并记住将要拣选的物品和数量，另一方面要寻找货源在仓库中的位置。而仓库越大，对拣选员的考验越大，拣选员得熟悉货架的分布和货物的大概位置才能快速完成拣选工作。为了减少拣选员的订单记忆和货源搜寻工作，一些辅助类的智能设备和系统被开发了出来。

（1）RF（Radio Frequency，无线射频）手持拣选

如图 6-8 所示，拣选员通过随身可携带的手持 RF 扫描要拣选的订单，RF 会提示当前要到哪个货位、取多少件商品，拣选员依据货架位置编号，找到物品，完成拣选。RF 拣选能有效减轻拣选员的订单记忆工作，将拣选单简化成逐个的单步任务提供给拣选员。

RF 拣选示例

图 6-8　RF 手持拣选

（2）语音拣选

如图 6-9 所示，通过无线网络，系统将任务传送到拣选员随身携带的语音终端上。拣选员从耳机中接收到作业指令后，跟随语音指引，逐步完成作业，并用语音反馈作业结果。通过语音播报可以精确地指引拣选员找到货位、拣对货品、拿够数量。

语音拣选示例

图 6-9　语音拣选

（3）指示灯指引

以整箱拣选为例，由于整箱拣选的场景多数是在托盘仓库中进行的，虽然有货架位置的编码，但是如果仓库较大，根据货位编码去寻找货源其实也是十分消耗拣选员的时间和精力的。如图 6-10 所示，若在货架区域安装指示灯，提示拣选员到灯亮的区域去寻找要拣选的货物，可为拣选员节省寻找货架区域的时间，提高拣选效率。

图 6-10　指示灯指引

（4）AR 指引

随着虚拟现实技术的逐步成熟，有些公司开发了基于 AR 眼镜技术在仓库中的具体应用，比如引导拣选员在仓库内进行拣选作业，如图 6-11 所

AR 拣选示例

示。AR 眼镜可以根据当前的拣选订单,以增强虚拟现实的形式指引拣选员朝着哪个方向行走、拣选目标在什么位置、要拣取多少个物料等,使拣选员只需要跟着眼镜中的基本导引去执行就可以快速完成拣选工作。

图 6-11　AR 指引

6.1.3　提高信息管理速度

前文所述不论哪种辅助拣选方式,其实都已经实现了拣选过程的无纸化,所有的拣选工作任务执行过程都被自动地记录下来并存储在后台数据库中。

比如 RF 拣选时,扫码后的物料信息直接与拣选订单匹配,任务通过无线网络发送到后台的数据库中;在语音拣选过程中,系统也根据语音反馈信息将拣选工作一并传输到后台数据库中;虚拟现实技术也同样会跟踪当前进行的作业过程,智能分辨要拣选物料的编码、拿取物料的数量等,一并同步到后台数据库中。

以上所有的信息记录过程均为后台自动管理、生成、跟踪,拣选员只需要根据拆分出来的当前简易任务去执行即可,无须核对订单、手动记录订单账目等。

若把各种方式组合到一起,能进一步提升拣选的效率,比如语音拣选配合简易的 RF 扫描等。

6.2　整箱智能拣选

6.2.1　整箱拣选策略

在拣选过程中,最消耗时间的是拣选员的行走过程。如果能精简这个环节,则整个拣选过程的效率会有大幅度的提高。比如通过一定的方式使拣选员只在很小的范围内移动甚至不移动就能完成拣选任务,这样就可以很大程度提升拣选效率。

为达到更高效的拣选效果,可以从如下几个方面入手。

1. 分类集中拣选

根据业务模式,如果仓库按照出库拣选品类频次,统计出周转率较高的一类货物,则可以将此类物品集中起来进行拣选。如图 6-12 所示，如果一个订单需要拣选 8 个箱子，传统拣选需要行走的路线和分类集中起来拣选行走的路线有巨大的差异。

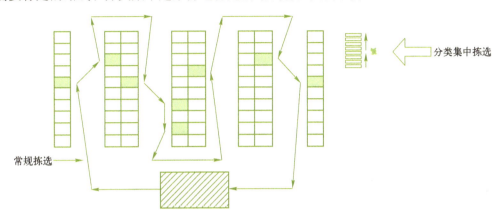

图 6-12　常规拣选和分类集中拣选路径图

因此，可以将拣选频繁、周转率高的一类货物集中存放到先进先出的流利式货架中。拣选员根据订单需求只从流利式货架进行拣货并拼装到出库托盘上，即可完成拣选任务，如图 6-13 所示。

图 6-13　高周转率物品的集中拣选

2. 分区拣选

对于拣选频率中等的拣选工作，可以按照分区域拣选的方案，将拣选员分别分配到不同的物品区域内。如图 6-14 所示，系统自动分配拣选任务给每个区域的拣选员捡取自己"领地"内的物料，最后汇总到统一的目的地，将同一订单的整箱物料码放到统一托盘上待发货。

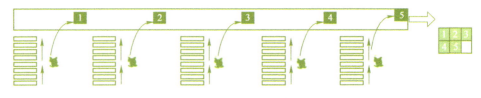

图 6-14 分区拣选示意图

如图 6-15 所示,每个拣选工位的拣选员只在很小的拣选范围内活动,大部分的时间被锁定在"拣货"这个环节上,因此拣选效率非常高。

图 6-15 分区拣选工作场景

需要注意的是:

1)分区拣选的目的仍旧是减少人行走环节的时间,将动作集中在"拣货"环节上。如果分区后的拣选员在执行拣选工作时,存在大量的等待时间,则意味着区域分配不合理或者存在订单与货物品类存放原则不匹配的问题,需要进行及时调整拣选策略。

2)若存在拣选员拣选工作密度低的情况,则可以通过合并拣选订单,按照波次拣选的方法,让每个区域的拣选员同时开启多订单拣选工作,这样可以减少拣选员的等待时间,提高拣选工作密度。

3)按照波次拣选的方式意味着将不同的下游订单合并进行,因此在拣选后需要对当前波次的拣选结果进行分拣。

4)分区拣选的过程仍旧可以配合其他的拣选技术以减少非"拣货"环节的时间,比如采用 RF、语音拣选、电子标签指示等。

3. 柔性分区分拣

分区拣选是一种先分散再合并的拣选策略,每个拣选员被划定在一定范围内,为减少合并后的搬运工作,通常由输送机统一搬运到集货处;如果是按照波次拣选,所有拣选出来的整箱物料,后续要按照不同的订单或者客户去向分拣。

以上的拣选方式适合业务模式和业务量较为稳定的应用场景。如果业务发生变化比较频繁,则系统对拣选的柔性要求较高。而被现场划定的区域、固定的输送机和拣选设备这些都是非柔性的典型代表,很难适应柔性的要求。

如果拣选前和拣选后都能柔性地布置,则可使系统非常灵活地适配多种拣选业务场景。

于是有专门的拣选搬运机器人被投入使用,如图 6-16 所示。

图 6-16 柔性拣选搬运机器人

柔性拣选有如下的特点。

1)分区拣选中的"区"可随时被划定,系统可分配仓库内的任意几个仓储位作为某个拣选员的工作分区。

2)搬运机器人由系统指定后可立即服务该区域的拣选员,保证拣选员减少等待时间。

3)即使是按照波次订单拣选,搬运机器人也可以直接将各整箱物料,分别按照最终订单或者客户进行不同目的地的搬送,节省了最后的分拣环节。

柔性拣选机器人拣选和搬运模式如图 6-17 所示。

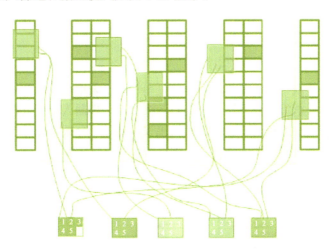

图 6-17 柔性拣选机器人拣选和搬运模式

柔性分区是根据业务动态变化的,某个时间段内每个分区的拣选员仍旧只针对本区域拣选。

6.2.2 整箱智能拣选方式

1. 货到人拣选

拣选效率最大化的终极办法是取消与"拣货"无关动作,让拣选员只做"拣货"一个动作,最终能达到图 6-18 所示的拣选密度。

料箱货到人拣选

图 6-18 拣选密度示意图

前文提及的各种方案中,拣选员不论是分区拣选还是分类集中拣选,都需要在待拣选的货架之间行走。而"移动"这一物理现象本来就是相对的,因此为了减少人的移动,"人移动到货物"可以变为"货物移动到人",则可以将拣选效率提高到极致。也就是现在普遍提及的货到人拣选方式,布局示意如图 6-19 所示。

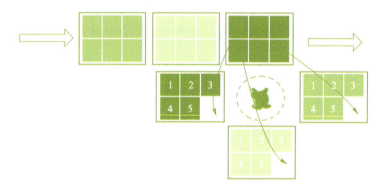

图 6-19 货到人拣选示意图

出库信息管理系统根据当前要拣选出库的订单序列,采用智能算法将订单中涉及的物料依次生成出库任务,系统将任务下发给智能搬运机器人,机器人调度系统指挥搬运机器人将要搬运的物料转移到指定的拣选工位。订单的接收、处理、分拨、任务拆分、物料移动全部由智能调度系统和机器人来实现,拣选员无须移动,待拣选的整箱物料托盘源源不断地被移动到拣选员的身边。拣选员根据系统提示,按照订单要求的数量将整箱物料取下,放置到目标订单托盘上,如图 6-20 所示。

图 6-20 货到人拣选典型场景

拣选员只停留在原地,绝大部分的时间都花在"拣货"的动作上,系统只需要保证能及时将要拣选的源物料搬运到拣选员身边。因此,对整个系统提出了更高的要求:需要能按照订单排序出库、在拣选前要布置好合理的缓存、减少拣选员的等待时间。

货到人的整箱拣选与拆零拣选很类似,可以采用柔性仓储机器人,也可以使用输送机系统提供待拣选的物料整箱托盘。

2. 货到机器人拣选

整箱拣选与拆零拣选之间最大的区别就是:整箱拣选的物料通常为形状规则的整件,并且通常有完整结实的外包装,因此非常适合采用工业机械手来实现全自动化的抓取,从而代替人的抓取、码放的拣货动作。

可以将出库物料直接搬运到工业机械手周边进行拣选,使系统变为"货到机器人"的拣选方式。同时为了保证拣选效率,要使机械手一直处于"抓取"环节上,减少机器人等待时间。与人相比,机器人可以满负荷工作,并且无须休息。

这样一来,拣选过程完全无人化且高效,系统对自动化等相关技术要求更高,物料的出库管理和搬运控制更加复杂,需要智能系统对相关设备进行准确的控制和调度。

采用全自动化的无人拣选模式,除了可以实现 24h 无停歇高效率的拣选之外,智能的拣选系统会根据订单中所含物料的物理形态进行提前分析,使不同属性的物料单元在一个托盘上的装载最大化并且做到垛形稳定,如图 6-21 所示。

图 6-21 智能拣选码垛系统

智能拣选码垛系统

全自动的整箱拣选过程会涉及整托盘物料的自动出入库系统、输送系统、空托盘的供给与输送、机械手视觉识别和自动化拆码垛技术等。全自动的拣选过程中,订单管理系统扮演着非常重要的角色,合理的订单分配、波次组合、拆码垛智能订单分组等功能都能极大地提升拣选效率和拣选质量。全自动整箱拣选的上下游物料搬运,也可以通过搬运机器人实现柔性化的配置，如图 6-22 所示。

图 6-22　搬运机器人配合拣选

随着商业模式的变化，虽然拆零拣选在整个仓储物流活动中占的比重越来越多，但是批量出库的模式仍旧在实际应用场景中占有一定的比例。因此整箱拣选方案也受到多方面的关注。不过，随着订单碎片化和定制化的需求越来越普遍，柔性化的要求在仓储物流领域中的重要性也日益凸显出来。整箱拣选业务相信仍旧会长期存在，只是可能很多应用场景中需要更加灵活和柔性的系统来实现出入库和拣选的一体完成，比如 Boston 公司做出的有益尝试，其研发的物流机器人如图 6-23 所示。

图 6-23　波士顿动力公司的物流机器人

波士顿动力柔性机器人

6.3　拆零拣选

6.3.1　拆零拣选概述

据统计，有的大型物流中心多达数十万平方米，SKU 多达几十万个，日订单处理能力多达 100 万单以上。京东 618 期间，一个拣货员一天要走 60000 多步。为了履行订单，从仓库里找到网民采购的物品，仓库人员必须要解决的一个问题就是如何高效地拆零拣选。拆零拣选的实际场景如图 6-24 所示。

图 6-24 拆零拣选的实际场景

拆零拣选的实际场景

与整箱拣选一样，仓储的拆零作业中，最耗费时间的是拣选员的行走过程。造成行走时间长最直接的原因是，各类物品之间距离较远并且分散。因此，如果能将各类物品尽可能地存储在小范围内，则可以有效地降低拣选员的行走时间，提高拣选效率。

如图 6-25 所示，同样品类数量的物料如果分别按照托盘和料箱存放，拣选员拣选同一个订单，按照料箱存放能极大地减少拣选员的行走距离，因为料箱存放方式压缩了拣选面，增加了拣选密度。

由于拆零拣选是将整箱内的单件取出来，因此整箱为单位的存储也能满足多个订单的存储量，无须频繁补货。因此，拆零拣选的货物通常是来自存放在隔板货架的料箱中。

与整箱拣选类似，为了提高拣选效率，工程师们想了各种方案。在规定时间内，将客户的订单拣选出来，减少与拣货无关的环节和等待时间，是实现高效拆零拣选的关键。

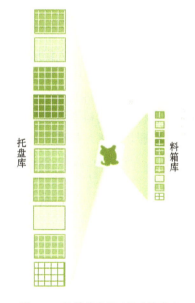

图 6-25 按料箱存放压缩了拣选面

6.3.2 拆零拣选策略

1. 分类拣选

仓储物流中心在建设前，往往都要对其预期的物流业务与物料数据进行 EIQ（物流三要素，客户订单的品项 Entry、数量 Item、订货次数 Quantity）分析，目的就是将各种物料和相关设施进行分类并有区分地进行资源调配和管理，使各种资源（包括人力和设施）达到最佳利用率。对于拣选策略的选择也是同样的原理。

对于周转率不同的物料要区别对待才能提高综合拣选效率。比如将周转率高的物料集中存放到一起、周转率普通的放到一起、周转率极低的放到一起。

如在人工拣选作业中，将快消品集中放在由流利式货架组成的周转率高的存储区，这样拣选员就可以只停留在流利式货架的取货侧作业就可以，减少行走的范围，如图 6-26 所示。

流利式货架拆零拣选场景

图 6-26　供拆零拣选的流利式货架

又如，在搬运机器人组成的货到人自动化拣选系统中，周转率高的货物要被放置到靠近的拣选位上。物料的智能热度分析图如图 6-27 所示。底部的货位属于周转率较高的物料，系统通常会将这类物料安置在靠近底部拣选台的附近；顶部的货物属于周转率较低的物料，系统通常会将这类物料安置在远离底部拣选台的位置。这样对于搬运机器人来讲，可以减少整体的物料搬运距离，提高物料到拣选站台位的供货速度。

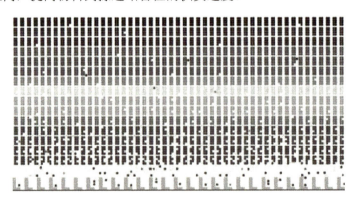

图 6-27　物料的智能热度分析图

对于包装形式不同的物料也需要区别对待，比如大件和小件不能混放，规则物品和不规则物品不要混放。小件和规则的物料可以通过自动化系统进行存储和拣选，从而提高效率，减少人工作业。

总之，对于不同的订单属性，要分门别类地应对，以达到合理的资源利用和最优的综合拣选效率，如图 6-28 所示。

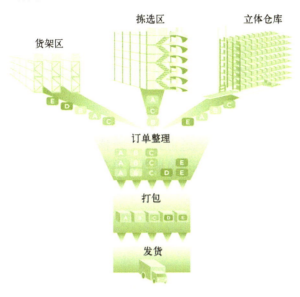

图 6-28　分别拣选

2．波次拣选

通常情况下，订单是随着时间的推移陆续到达仓库的。拣选员在处理第一个订单时，要从周转箱 A 拣取 1 件物料到拣选箱 B。如果下个订单也要从周转箱 A 拣选，则拣选员还要找到周转箱 A 后再拣选。因此，如果拣选订单很多，同时订单的物料同类品项较多，则可以将多个订单合并，将需要的物料总数一并从周转箱拣取后再分配给各个订单。这样的拣选策略在整箱拣选中也有提到，通常被称为波次拣选，如图 6-29 所示。

图 6-29　波次拣选示意图

波次拣选不仅适用于物料品类具有共性的场景，也适用于作业物理空间有共性的场景。如果物料被分布到不同的楼层或者区域内，每次拣选员跨区域或者跨楼层作业会给拣选工作带来不便。因此，采取波次拣选，将本次多个订单合并后，集中取出某楼层所有的物料后再分配给各订单，也能有效提高拣选效率。

采取这样的拣选策略,可以大幅减少无用的作业时间。当然,前提是满足物流工艺要求。比如允许拣选有一定的备货时间、订单之间的关联性较强等。

波次的选取规则要根据具体工艺和现实条件来决定,不能一概而论。有的按照发货地区、有的按照最终的包装形式、有的按照运输线路、有的按照订单物料关联性等,不过波次拣选的最终目标是为了简化拣选流程,去除无用过程,以提高拣选效率。

波次拣选的策略既可以应用在人工拣选方式中,也可以应用在"货到人"的自动化拣选过程中。

3. 串行或并行拣选

串行拣选是物流作业中常见的一种拣选方式。一个拣选订单从上游发起后,对应的订单箱被输送设备依次搬运到各拣选区域。拣选员根据订单在本拣选区需要拣选物品的数量,拣选到该订单箱后,继续向前运行到下个拣选区继续拣选,直至所有拣选工作完成。拣选过程示意图如图 6-30 所示。

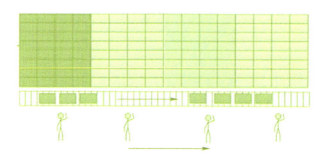

图 6-30 串行拣选示意图

串行拣选也可以理解为:一个订单箱按照输送次序一次遍历各个区域接力拣选后,才算完成本订单,如图 6-31 所示。

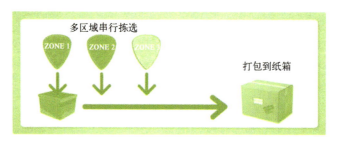

图 6-31 分区串行拣选示意图

由于串行拣选的思路很简单,因此拣选可靠性非常高。对于串行拣选,如果每个区域的拣选时间为 T_n,则一个订单的拣选完成时间为:

$$T=T_1+T_2+T_3+\cdots+T_n$$

一个订单的拣选开启后,每个订单箱一个时刻只能在一个拣选区作业,当前不服务的拣选区存在等待时间,导致整体拣选效率低下。因此,串行拣选时应尽量使所有的拣选区都能"忙碌"起来,从而提高拣选效率。将刚性的串行拣选变成柔性可调的串行拣选是未来拣选新的发展方向，需要新的智能算法来辅助实现。

并行拣选是另外一种处理大量拣选订单的策略。串行拣选某些拣选区既然存在有等待时间，则可以先将订单拆分几部分，不同部分在不同的拣选区同时拣选。拣选完毕后，再统一合单完成本订单的拣选，如图 6-32 所示。

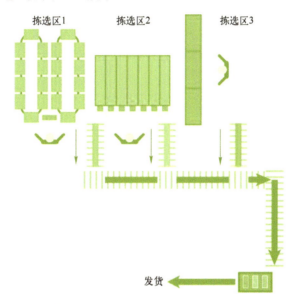

图 6-32　并行拣选示意图

并行拣选可以简单理解为一个拣选订单在同一时间内，该订单被拆分后的子订单在不同的区域被拣选。由于各子订单同时拣选，所以能很快完成。但并行拣选需要在子订单完成后再合并到最终的发货箱内，如图 6-33 所示。

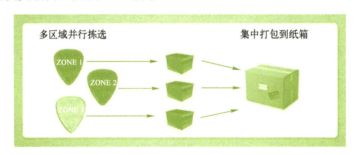

图 6-33　分区并行拣选示意图

对于并行拣选，一个订单被拆分成 n 个子订单后，每个子订单的拣选时间为 T_n，则该订单的最终拣选时间为：

$$T=\text{Max}(T_1,T_2,T_3,\cdots,T_n)$$

由上式可知，并行订单的拣选时间是由时间最长的拣选子订单决定的。

并行拣选由于最后的子订单要合并到一起，而在某个时间段内多个订单拣选任务会发生，那也就意味着在同一个区域内，不同订单的子订单会在本区域混合在一起。因此，在拣选的最后需要对各子订单进行合箱操作。而合箱操作前要有分拣的过程，分拣之前要有一定的缓存储位。因此,并行拣选对订单的时间管理要求很高,同时由于对缓存和合箱的需求也需要增加一定的投入。

在实际应用中,串行和并行往往是根据具体工艺情况结合使用的,也常与自动化拣选和人工拣选相结合完成最终的拣选,如图 6-34 所示。

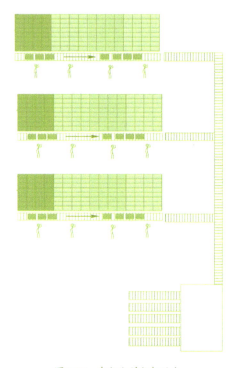

图 6-34 串行和并行相结合

6.3.3 拣选方式

物流工程师结合各种拆零拣选策略,运用各种技术手段来达成高效、低成本的拣选目标,主要有如下几种方式。

1. 基础拣选方式

基础拣选方式有 RF 拣选、语音拣选、电子标签。这些方法在绝大多数的拆零拣选过程中都会用到,而且更多是互相结合的方式,以实现更高效、更准确的拣选作业。

以上各种方式通过与一定的电子设施的交互,构成了一个无纸化作业环境,有利于实现整个物流业务内部信息的实时传输。不仅可提高作业效率、准确率与生产率,而且还能提高拣选作业的可视化与可追踪性。

2. 高阶拣选方式——"货到人"

与整箱拣选的"货到人"拣选方式一样,在"货到人"拣选系统中拣选员只需停留在原地,待拣选的周转箱和订单箱源源不断地被移动到拣选员的身边。拣选员根据系统提示,按照订单要求的数量将物料取出,放置到订单箱内。相比于整箱拣选,拆零拣选的业务效率要求更高，订单结构更加复杂。因此，在设计"货到人"拣选系统时，要分析得更加全面，对相应智能装备的选型要更加谨慎。

以拆零拣选的某处拣选站台为例。拣选员由于只停留在原地，因此绝大部分的时间都花在"拣取"动作上，我们按照拣选过程中一取一放的动作来估算，大概拣选一次需要 5 秒，则一个小时一个拣选员可以拣选 720 次（订单行）。因此，可以计算出每小时提供给拣选员 720 个周转箱。由于订单之间是千差万别的，因此，这 720 个箱子是根据要求每次要拣选不同物料的顺序而及时递送给拣选员的。显然人工出库和搬运是不可能满足的，而采用 Miniload 立体库的单巷道吞吐效率在 40～100 箱/h，即使多个巷道并发出库，出库效率上也还是无法完全满足。

拆零拣选的超高吞吐率不仅表现在对于出入库效率的高要求上，也贯穿整个拣选作业所有细节的设计中，主要集中在如下几个方面。

（1）出入库

出入库的主要任务是高速完成即将要被用来拣选的周转箱的进出库，平均效率是要求每 5s 至少能给 1 个拣选站台提供一个正确的周转箱。在这么高的出库效率下，就需要专门的料箱自动化存储系统，主要有如下几大类。

1）多穿（多层穿梭车）系统

如图 6-35 所示，物料周转箱存放在货架中。在每层货架都有快速移动的穿梭车对物料进行出入库，各层的交接由快速提升机完成，从多穿立体库中出来的周转箱由输送机提供给拣选员。对于单巷道的多穿系统，出库的效率最高能达到 2000 件/h。

图 6-35 多层穿梭车系统

由于穿梭车只能在本巷道内移动，为了增加灵活性，又逐渐产生四向穿梭车和其他的存储方式，具体内容可以参考前面的章节。

2）类 Kiva 机器人

多个移动货架搬运机器人根据订单情况，将要拣选物料所在的货架搬运到拣选员面前，如图 6-36 所示。类 Kiva 搬运机器人通过强大的调度系统和后台库存、订单管理系统，可以动态地优化物料存储位置和根据当前拣选订单进行排序出库。

图 6-36 类 Kiva 机器人拣选场景

Kiva 机器人拣选系统

由于每次拆零拣选都是按件来拣取的,因此每个移动货架往往不会只放一个品类的商品,而是关联度较高的多个商品,比如牙刷和牙膏可以放到同一个货架中。每次订单拣选的时候,大概率会在同一个货架内拣选完成两个品类。而在某些应用场景下,物料与物料之间的关联度很低,则每次搬运的货架中大部分是无效的物料。

在原始 Kiva 机器人的基础上,加装一定的存取机构则可以使 Kiva 机器人不用每次都搬运一个大货架到处跑,而是需要什么就从货架上取下来,然后送到拣选员面前,如图 6-37 所示。

"货到人"的拣选中,周转箱的频繁进出是对存储和搬运设备的极大挑战,而每次只搬运一个周转箱显然会给机器人的移动速度提出很高的要求。因此,搬运机器人每次携带多个料箱去拣选工位显然更加高效,避免了用掉一个料箱就得返库再换下个料箱的情况,如图 6-37 所示。

为了充分利用空间,一方面通过定制搬运机器人的方式尽量在高度空间上探索,另一方面也有公司采用阁楼的方式,将搬运机器人在不同层高的空间内运行,以使高度空间能够更加充分地利用起来,提高存储密度。

图 6-37 多料箱搬运机器人

(2) 料箱输送

出库后的物料要移动到拣选员的面前,并且要实现每 5 秒就要进出两个周转箱连续供应。这样大吞吐量的料箱搬运非连续输送机系统不可胜任。如图 6-38 所示,选取多条、多层并行的输送机可以达到非常高的吞吐效率。

多料箱搬运机器人

图 6-38 物料搬运多采用输送机

（3）拣选台

拣选员每 5s 完成一个订单箱后，系统要将下一个待拣的周转箱呈在拣选员面前。也就是 5s 内，必须要在拣选台处完成前一个周转箱离开和下一个周转箱进入的过程，效率要求非常高。高效拣选台常用的方式如下。

1）输送机直接充当拣选台

正在拣选的料箱和下一个即将要被拣选的料箱在同一台输送机上。上个料箱拣选后向前移出拣选台的同时，下个料箱随着输送机一起进入拣选台，无其他等待时间，吞吐效率非常高，如图 6-39 所示。

图 6-39 转弯输送机直接充当拣选台

转弯输送线充当拣选台

2）专用换箱机构

有些"货到人"模式为了符合人体工程学并且使拣选台占地面积小巧，采用特殊设计的料箱置换机构。此类料箱置换机构可以在移出上个拣选料箱的同时又带入下个要拣选料箱到拣选平面上，动作十分快速干脆。

3）交替缓存

拣选站台可以采用移栽的方式将要拣选的料箱从主线移栽到拣选支路。这种方式在两个料箱进行进/出切换时，一方面进出不能同时进行，另外一方面移栽机构的切换动作也要消耗时间，因此很难满足高吞吐的要求。因此，可采用双个拣选站台互为缓存来达到高吞吐的目的，如图 6-40 所示。

图 6-40 交替缓存

交替缓存充当拣选台

要想高效完成海量拣选工作，一个要拼"速度快"，另外一个要拼"时间长"。"货到人"拣选方式中，由于拣选员 90%的工作都是从一个箱子抓取物料到另外一个箱子这样的重复性劳动。因此在这高频重复的劳动中，如果存在对身体不利的因素，拣选员工作时间久了，由于疲劳会导致拣选效率的降低。因此，对"货到人"拣选工作台的人体工程学设计就显得格外重要，如图 6-41 所示。

图 6-41 拣选台的人体工程学设计

对拣选动作的研究表明,要想改善拣选的重复工作的劳动强度,主要从以下两个方面入手。

1)拣选面始终处于肩部与臀部之间,理想情况下始终位于臀部水平面。
2)从倾斜的拣选面拣选,以减少手臂和躯干的受力。

(4) S∶O 比例

很显然拣选站台中的料箱作业位有两大类,一类是来自库内的源周转箱 S,另一类是订单周转箱 O。S 和 O 的比例究竟该如何设置才合理,是与拣选订单的结构有关系的。如果拣选出库业务主要针对 C 端客户,则意味着每个订单的关联性很低,也就是每个订单中牵扯到的库内周转箱的共性很低,也说明各订单对应的各类周转箱在库内很分散,则 S∶O 选择 1∶1 较好。此种情况下,拣选员在原地重复从 A 到 B 的拣放动作即可,效率非常高,如图 6-42 所示。

图 6-42　1∶1 拣选台

1∶1 的模式下,每个拣选箱就是一个订单,每次切换的库内周转箱需要按照拣选顺序排列好出库并陆续呈递在拣选员面前。

而如果拣选任务主要是针对批发类(比如 B 端)的客户,则通常每个订单的品类少,但是数量多,则 S∶O 选择 1∶N 比较合理,如图 6-43 所示。如果继续采用 1∶1 的方式,则会给出库各环节设施带来不必要的搬运任务和额外的压力,整体效率低下。

图 6-43　1∶N 拣选台

1∶N 拣选台

而在现代商业社会中，拣选订单的特性往往会发生变化，因此 O 和 S 的比例需要能动态可调。此时，在拣选站台引进临时缓存可以使 S∶O 比例更加灵活，如图 6-44 所示。

图 6-44　动态比例拣选台

动态比例拣选台

比如当前的订单特性有一些关联，则系统可合并订单组成波次进行拣选，临时缓存中可以存储多个订单箱，进行批量波次拣选；如果当前订单又恢复到典型的 C 端客户无关联性特点，则临时缓存可以调整为存储常用的、周转率高的待拣周转箱，从缓存中拣选物料到单个的拣选箱内。

（5）订单排序

在"货到人"拣选系统中，从出库到拣选再到回库，整个物流过程中，周转箱的出库和入库效率是整个环节的瓶颈。因此，周转箱的频繁出入库对设备的性能要求最严格。为了保证周转箱出入库的效率而不至于影响整体的拣选效率，一方面可以从提升出入库设备的性能入手，另外一方面也可以通过其他优化方式来降低周转箱出入库的频率要求，比如合理的订单排序就是一种方法。

对于单个拣选台来讲，如图 6-45 所示，当前订单从周转箱 A 捡取物料后放到订单箱 1 后完成订单，周装箱 A 此时返回仓库；而如果系统分配的下一个要拣选的订单 2 中正好也要从周转箱 A 中拣选，则周转箱 A 可以在完成订单 1 后继续留在拣选处供订单 2 拣选。这样通过合理的订单排序，充分利用当前停留在拣选处的周转箱，减少周转箱的频繁出入库。此处提及的订单 1 和订单 2 也可以认为是订单波次 1 和订单波次 2。

同样地对于多个站台来讲，上游的周转箱如果能被下游的拣选站台也利用起来，这样同样可以减少物料周转箱的回库频率，减轻周转箱库的压力，变相提高整个拣选区的效率。因此，对于整个拣选区域的订单排序优化，也能有效地降低周转箱的高频进出对设备造成的压力，如图 6-46 所示。

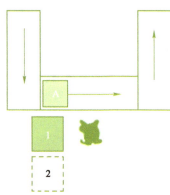

图 6-45　订单拣选流转示意图

订单的排序方法由智能算法生成，系统将生成的排序指令下发给自动化出入库设备，由相关设备对照执行。

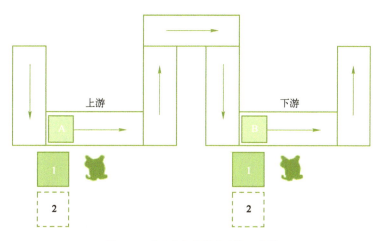

图 6-46 多站台订单拣选流转示意图

3. 高阶拣选方式——"货到机器人"

"货到人"智能拣选系统在实际物流作业环节的应用已经有近 20 年的历史了。既然货物已经送到了拣选员的面前,那为何这么多年里,没有把技术更进一步,将拣选员换成机器人呢?其中的原因有很多,最主要的原因是机械手抓取技术不成熟。

在实际拣选中,拣选作业会遇到各种形状、各种材质的物品,抓取这些物品对于人来说非常简单,而对于机械手来说却并非易事。难度主要集中在两方面:一方面是多种规格的物品上下叠摞且分布不确定,机器人(机械手)很难识别各物品的位置;另外一方面由于物品表面材质的不同,很难有通用的夹具能达到像人手一样的性能。

而随着科学技术的进步,现在这两方面在近年来有了长足的进步。在很多应用领域中已经可以使用机械手代替人来拣选物品了,这要得益于以下两方面的技术进步。

1)得益于人工智能技术在视觉领域的发展,通过视觉识别模块和视觉识别算法的加持,机械手可以获取每个物料的具体坐标位置和位姿数据。

2)得益于灵巧手的各种尝试和创新设计,可以使某些特殊设计的夹具具有一定的通用性。

这样,从物料的存储、搬运,到拣选可以全环节做到无人化,使拆零拣选有了更加宽阔的想象空间。"货到机器人"拣选如图 6-47 所示。

图 6-47 "货到机器人"拣选

"货到机器人"拣选

第七章　智能分拣系统

根据国家邮政局公布的邮政行业运行数据显示，2020年1~5月，全国快递服务企业业务量累计完成264.1亿件,同比增长18.4%。2019年,全国重点地区快递服务全程时限为56.2h,较2018年缩短0.64h，72h准时率为79.26%，较2018年提高0.29个百分点。如此海量的包裹，在这么短的时间内究竟是怎么完成不同目的地的分类和配送的呢？

海量的包裹首先集中到物流配送中心，由于数量庞大，各包裹的目的地又不尽相同，如此复杂的分拣工作靠纯人力的方法是不可能完成的，海量包裹如图7-1所示。而正是有了现代各种先进的智能技术，使这种超高速分拣的应用场景在现实世界中每天都在发生。

图7-1　海量包裹

物料分拣系统不仅在快递物流业有着举足轻重的作用，在制造业的生产环节也有非常多的应用。

7.1　智能分拣系统概述

在物流中心，按照物料投放的目的地，采用先进智能装备对海量物料进行超高效的分类处理的系统，称为物料的智能分拣系统。

分拣与拣选经常被混淆，"分拣"的重点在于"分"，英文名称是sorting。生活中，垃圾分类是分拣。"拣选"的重点在于"拣"，英文名称是picking。生活中，去菜市场买菜是拣选。

在仓储物流中心最集中的分拣作业通常发生在拣选之后。拣选通常是为了履行供应链下游或者客户的订单，在订单量较大、拣选并行作业、上游物理位置分散的情况下，需要对拣选后混杂的订单单元进行分拣后才能进入下游发货作业。比如在商超物流中心，经过多重复杂的拣选作业后，需要将拆零拣选后的订单按照门店进行分拣，以便配送车辆将订单快速转运至门店。

物流中心拆零拣选的物料流向如图 7-2 所示。

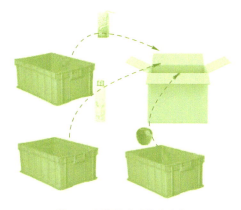

图 7-2　拆零拣选的物流流向

物流中心分拣作业的物料流向如图 7-3 所示，分拣的典型场景如图 7-4 所示。

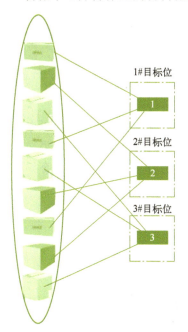

图 7-3　分拣作业的物流流向

图 7-4　分拣的典型场景

由于现代商业模式的发展，订单越来越碎片化，整件出库的概率越来越小，零散的订单势必要被分散到达最终的客户手里，分拣作业在所难免。

对于仓储物流中心而言，由于所处供应链环节的位置不同，可能对应的分拣业务量也不同。但是从总体的物流链或者供应链的业务结构来看，大部分业务模式都是由集中到分散的过程，如图 7-5 所示。

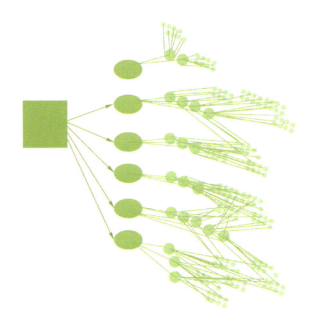

图 7-5 物料在供应链中的拓扑结构

其实，不论在生产工厂还是物流中心，在很多环节都需要分拣的作业。比如收到退货后，在入库前需要进行按类分拣；收到混 SKU 的上游供应商货物时，也需要提前分拣再入库；在拣选过程中，由于存在大量按区域分拣、按类别分拣的情况，因此系统需要对料箱进行分类或者分楼层进行分拣后再供应到合适的拣选区域；在发货前，由于订单大小不同，需要的包装箱也不同，为合理使用包装箱，也需要分拣机对不同的包装箱分拣后再送到正确的打包台。

在上游货物到达分拣环节时，如果物料量不大，且分拣的目标分类不多时，可以由人工简单地进行分拣。若本分拣环节的物料量非常大，且种类繁多，同时分拣的目标分类又很多时（如图 7-6 所示），人工作业就显得力不从心了，且很容易疲劳并出现错误，主要有如下几个方面。

图 7-6 要分拣的海量包裹

1）分辨海量物料的属性，确定其该分拣到哪个目标位。

2）由于还未开始分拣，对各目标位的占比有多大并不知道，因此目标位占地规划往往会有偏差。

3）把物料搬运到各目标位，大量行走过程容易产生疲劳。

4）由于物料量大，需要人海战术，不易管理，过程混乱。

人工作业要面对的待分拣物料是海量的、混乱的。这样繁杂的流程和无边无际的任务量让人容易失控，产生"暴力分拣"。

目前电商和快递行业发展迅速，而分拣的工作是快递行业的重头，日益增长的快递业务量和招人难等问题，促使越来越多的电商物流企业和快递公司加快实施物流系统的智能化升级，这使得智能化分拣装备市场近年来呈现爆炸式增长。由于我国有超大的网购业务量和快递用户市场，使智能分拣也有了更大、更严格、更高效的应用场景，因此我国的智能分拣系统也越来越先进，在一定程度上已经领先世界其他国家。

高效、精准的邮件处理背后，是先进技术装备的支持。比如，百世快递在2019年实现全智能分拣，自动化设备数量比2018年增加55%；圆通快递仅在2019年上半年就新增一倍数量的自动化设备；中通快递则陆续将全国各地单层自动分拣线升级为双层；顺丰控股约60个中转场使用全自动分拣系统。

在我国，随着社会的进步和发展，智能分拣设备也被广泛地应用于医药、食品、汽车等行业。由于需求场景的不断变化和业务的不断扩大，分拣系统相关的各子环节也不断有创新性的产品和系统涌现出来。比如类Kiva拣选机器人的应用，配备视觉识别系统的全自动机械手的物料导入方案代替人工上包；再比如各种高精度高速的动态称重、尺寸检测扫描系统等的研发和应用，呈现出百花齐放，不断创新的良好态势。

分拣环节在生产工厂和商业仓储物流中心都有非常重要的地位。它向上承接出库和拣选任务，向下连接集货、打包和发货环节。因此，智能分拣系统往往要充分考虑与上下游系统的适配，以免资源过剩或者投入不足。

在实际应用过程中，还要结合实际的场景来选择正确的拣选系统以匹配现有的业务内容。比如要综合考虑分拣物料的物理属性，包括尺寸、重量、外形、包装形式、是否易碎等，同时也要考虑业务峰值时的最大拣选吞吐量。当然也要综合考虑物料分拣后目标位的配置数量和具体的分拣模式，以达到最佳的资源利用率和最合理的投资配比。

7.2 智能分拣系统原理

采用智能化手段代替人去做物料分拣，需要解决如下几个方面的问题。

7.2.1 分辨物料

分辨物料的目的主要是为了设备在对物料分拣时有依据。分辨物料首先要给物料贴身份标签，最常用的身份标签是条码，如图7-7所示。

每个物料条码背后都代表着一定的额外信息，可以是目的地编码、批次编号、客户编码等。根据事先设定好的分拣原则，智能分拣系统控制后续设备将这个包裹分拣到具体的目的地。

在物流中心，如果分拣环节靠近发货环节，则往往需要对物料进行更多的信息采集作为物流辅助管理，在分辨物料过程中常采用物料动态扫描一体机一次性完成多维的信息收集工作，如图 7-8 所示。

图 7-7　物料的条码识别　　　　　　　　　图 7-8　物料动态扫描一体机

物料动态扫描一体机可实现实测的重量数据实时快速地上传至系统，与其理论重量进行比对，如发现重量有差异或相差较大，说明该包裹里面装的产品有可能是少装、多装或错装。此时分拣设备会自动停机报警或自动将该包裹剔除，从而实现不合格包裹不出库，有效地提高了分拣效率和分拣质量，减少出错率。

7.2.2　目标位

物以类聚是分拣作业的精髓。被分拣的物料要匹配各自要去的下游，下游作业可以是物料收集、打包、运输等操作。每个物料都有各自被分拣后的目标去向，智能分拣系统通过分拣机构将不同的物料分拣到不同的目标位。目标位按照分拣下游要匹配的作业类型可分为如下几种方式。

1. 输送机类

分拣后的物料进入下游的输送机，执行后续的工艺搬运，如图 7-9 所示。

图 7-9　分拣后的物料进入滚筒输送机

2. 收集缓存类

分拣后的物料根据业务形态要求，需要短暂存放到分拣目标位，此时可以采用有缓存功能的机构作为目标位。此类目标位主要包含以下几种。

1）无动力积放式辊道如图 7-10 所示。

图 7-10 无动力积放辊道

2）落袋式收集单元如图 7-11 所示。

图 7-11 落袋式收集单元

3）长积放式收集单元如图 7-12 所示。

图 7-12 长积放式收集单元

4）多级订单缓存如图 7-13 所示。

图 7-13　多级订单缓存

7.2.3　物料的搬运

采用智能分拣机的初衷就是为了解决分拣效率低的问题，因此物料在智能分拣系统中的移动一定要满足高吞吐量的要求。而连续式搬运设备恰恰具有高吞吐量的特点，因此市场上绝大多数高吞吐量的分拣方案都采用连续式输送机作为主线。

7.2.4　分拣信息管理

从分辨物料开始，智能分拣系统可以时刻跟踪每个物料单元在分拣时的全过程。分拣信息管理系统对所有分拣作业的物料信息、作业流信息、异常情况、订单汇总、硬件动作控制等进行全方位的管理。

7.2.5　分拣机构

进入分拣系统后，物料运行到各分拣目标位与主线的交点位置时，控制系统会发送指令给当前位置的执行机构，将该物料送入到对应的下游目标位输送机或者缓存中。常见的分拣机构有如下几种。

1）移栽式，如图 7-14 所示。

图 7-14　移栽式

移栽式分拣机构

2）偏转轮式，如图 7-15 所示。

图 7-15　偏转轮式

偏转轮式分拣机构

3）扫臂式，如图 7-16 所示。

图 7-16　扫臂式

扫臂式分拣机构

4）滑靴式，如图 7-17 所示。

图 7-17　滑靴式

5）侧向翻转式，如图 7-18 所示。

图 7-18　侧向翻转式

侧向翻转式分拣机构

6）推盘式，如图 7-19 所示。

图 7-19　推盘式

7）横向皮带式，如图 7-20 所示。

图 7-20　横向皮带式

横向皮带式分拣机构

8）下漏式，如图 7-21 所示。

图 7-21　下漏式

下漏式分拣机构

7.3 常见的智能分拣系统

7.3.1 直线式智能分拣系统

有些应用场景下，若物料分拣后有 10~50 个分类（或目标位），则可以利用图 7-22 所示的直线式智能分拣系统来实现分拣。

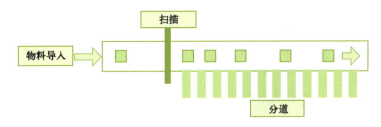

图 7-22 直线式智能分拣系统布局图

直线式智能分拣系统占地面积小，整体以长条形主线再加上多个短线支路的形式呈现，通常为物料经导入输送机并经过信息扫描机构后直接到达分拣机构。直线式智能分拣系统结构紧凑，由于没有循环功能，需要分拣的所有物料必须在进入分拣结构之前统一导入到系统内，因此在物料导入之前通常是多路上游物料的合并线。

分拣系统的效率可以从单位时间内导入的物料数量来判断，而物料的导入数量是由下游的分拣速度决定的。分拣速度与主线速度成正比，与物料之间的间距成反比。两个物料之间的间距能达到最小理想距离的条件为：前一个物料在被分拣机构分拣出主线时，后一个物料刚刚抵达分拣机构处，如图 7-23 所示。

图 7-23 前后被分拣的物料

因此，物料导入时的间距要与主线的速度还有分拣机构的处理周期相匹配，如图 7-24 所示，前序 1 号物料被分拣机构分拣出主线时，后续 2 号物料随着速度为 V 的主线正好被输送到分拣机构前。

图 7-24　分拣机构的动作节拍示意图

因此需要在导入分拣线之前就要控制好两个物料之间的间距 L。比如通过前后两端输送机速度差拉开距离或精确的启停控制等手段来实现。同理，对于直线交叉带分拣机而言，要控制两个物料正好能落入等间距的小车内，如图 7-25 所示。

图 7-25　交叉带分拣机

7.2 节中提到的各种分拣机构都可以应用到直线式智能分拣系统中。

值得一提的是，多数直线式智能分拣系统的一个分拣机构故障或者宕机时，会使整个分拣线上的物料停止，因此直线式智能分拣系统的整体冗余性较差。

另外由于直线式分拣机在分拣过程中，随着物料的分拣过程，越往直线的后端，剩余未分拣的物料越少，后端分拣机构的资源利用率越低，如图 7-26 所示。因此，直线式智能分拣系统效率注定不会太高。

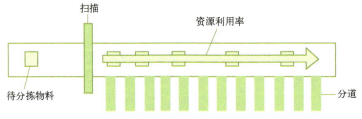

图 7-26　直线式智能分拣系统资源利用率越往后越低

7.3.2　循环式智能分拣系统

如果要分拣的物料的目标位众多，同时分拣的效率要求又非常高，则可以考虑采用循环式智能分拣系统，如图 7-27 所示。典型的循环式智能分拣系统有循环式交叉带分拣机和翻板式分拣机。循环式智能分拣系统相比较直线式智能分拣系统而言，主线移动速度快，可达 2m/s。而分拣机构又独立于主线单独运行，某个分拣机构故障后，并不影响主线上其他物料的分拣。

循环式智能分拣系统

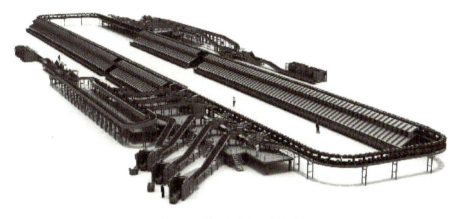

图 7-27 循环式智能分拣系统

循环式智能分拣系统的成本较高，采用的主要原因是其超高的分拣效率，通常可以达到 2 万件每小时。

由于该分拣系统的主线是循环式的，物料导入口和分拣口的位置可以更加灵活地设置，可以根据需要在循环主线的不同位置分散设置多个物料导入口，以达到更高的分拣机构利用率和分拣效率。

由于结构的特点，循环式智能分拣系统还可以根据现场土建条件灵活地布局，如主线可做成斜坡式的上升和下降，也可以在某些位置将主线设计成带有一定弧度的转弯线。

直线式智能分拣系统中，由于"一条道跑到黑"，路线上不是回路，要分拣的物料必须在拣选目标位之前就得导入到分拣主线中，因此无法中途插入分支导入线路，如图 7-28 所示。

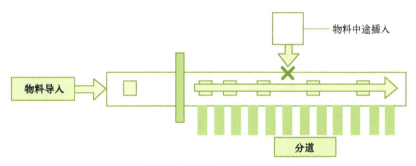

图 7-28 直线式智能分拣系统中物料进入示意图

如果能在分拣主线上的多个位置插入分支导入线路，对提升系统的整体效率和机构使用率是很有益的，而循环式智能分拣系统的主线循环结构正好提供了这样的条件。

假设一个循环式智能分拣系统如图 7-29 所示。

由 D_1 处导入要分拣的物料，物料沿着循环分拣路径进行分拣。假设分拣的物料在每个目标位被分拣的概率都相同，则物料经由"1"分拣端后，到达"2"分拣端时，分拣的物料只剩下一半。而分拣系统的分拣能力在"2"处并没有变化，这就和直线式智能分拣线类似，拣选资源被闲置，没有被充分利用。

不过由于循环式智能分拣系统的主线是首尾闭环的，可以在"2"处再布置物料导入机构 D_2，这样可以使更多待分拣的物料再次上线，充分利用拣选机的分拣能力，如图 7-30

所示。

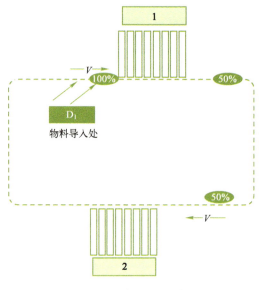

图 7-29 单处导入物料

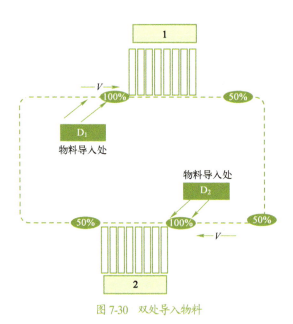

图 7-30 双处导入物料

同样的时间，导入的物料增多了，并且能被系统逐渐消化，系统的分拣效率自然会大大提高。

现实物流业务对分拣效率的要求越来越高，最典型的例子是由于电商的一些促销活动而引发的包裹量的突然猛增，从而导致对分拣系统超高效的要求。比如在 2018 年的"双十一"期间，各主要电商企业产生的快递订单量高达 13.52 亿件，而快递企业共处理了 4.16 亿件包裹，创历史新高。而我国的物流配送也已经从以天为单位向以小时和分钟为单位的速度迈进。

为此，近几年新型的智能分拣系统被研发出来，以继续提升分拣效率，比如：

1）上下双层分拣机同时分拣使效率翻倍，如图 7-31 所示。

图 7-31　双层分拣线

2）并排双列分拣机同时分拣使效率翻倍，如图 7-32 所示

图 7-32　双列分拣线

3）分拣线配置多排多层，效率更快。

循环式智能分拣系统的循环回路通常都是在同一个水平面实现的，带来的问题是占地面积会非常大。如果分拣主线能垂直循环，则可以充分利用高度空间，既能节省占地面积，又能实现高速分拣。而不论是交叉带分拣机还是翻板式分拣机，分拣小车或者翻板在垂直往下循环时，物料都无法安稳地待在小车或者翻板上，如图 7-33 所示。

图 7-33　垂直翻板末端向下反转

如要实现垂直循环的功能，就需要设计出新的结构。我国的金峰公司研发出了垂直循环式分拣机，如图 7-34 所示。

图 7-34 垂直循环式分拣机

这样的垂直循环设计，既有直线式智能分拣系统占地面积小的优点，同时又能充分利用循环式智能分拣系统的超高效率。分拣作业可以在上下两层同时导入物料和分拣，最大化地利用了空间，同时也最大化地利用了所有分拣机构的性能和资源。

7.3.3 机器人分拣系统

在物料分拣过程中，最难解决的一个是分拣效率超高的要求，另外一个是分拣目标位超多的要求。第二种情况在电商和快递行业尤其明显。

以 2019 年的韵达公司为例。韵达快递在全国有约 2.61 万个服务网点，约 65 个转运中心，平均下来，每个转运中心需要分拣的目标位为 401 个。由于要满足快递业务高效的要求，只能采用循环式交叉带分拣机。而要分拣 401 个目标位，也需要对交叉带分拣机设置 401 个目的地的分拣格口。交叉带分拣机的主线要覆盖这么多格口，预计该系统一定要投入极大的资金。实际情况是，各物流转运中心往往采取折中的一些办法，比如按照大片区分拣后再逐级分拣，而不采用一次性将所有目标位直接分拣完。分级是属于投资和效率折中的办法，这种方式在处理退货过程中也经常使用。

对于交叉带而言每增加一个分拣格口就至少要加一段小车，因此交叉带的投资会随着分拣格口数量呈线性增加，如图 7-35 所示。

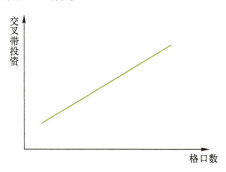

图 7-35 格口数与投资的关系

随着类 Kiva 机器人在电商行业拣选作业的大规模应用，类似于 Kiva 的移动机器人在分拣领域中为解决多目的地方面做出了有益的尝试，如图 7-36 所示的小型包裹分拣机器人。

图 7-36　小型包裹分拣机器人

由于搬运机器人是离散式搬运系统，柔性较强，格口的设置也可以更加的随意，如图 7-37 所示。

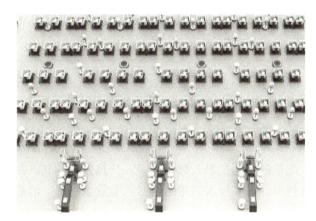

图 7-37　柔性搬运机器人的分拣场景

假设给定的分拣中心的长为 L（单位为 m），宽为 L 的 n 倍，则分拣中心的面积为：

$$S = nL^2 \tag{7-1}$$

式中　S 为分拣中心面积，单位为 m^2；n 为常数。

由于搬运机器人可以柔性搬运，因此格口可以灵活地分布在场地内的任何位置。分拣中心越大，可以安置的目的格口数量越多，可以大致认为格口数量与面积大小成正比：

$$G = pS = pnL^2 \tag{7-2}$$

式中　G 为格口数量，单位为个；p 为常数。

搬运机器人在分拣过程中要做的工作主要是从物料起点取件，运行到目标格口，将物料快速投出。常见的类 Kiva 机器人是沿着地面地二维码运行的，路径是 X 和 Y 轴方向运行路线的总和，则分拣一个包裹的平均循环路径为：

$$A = c(L + nL) = (n+1)cL \tag{7-3}$$

式中　A 为机器人分拣一个包裹的平均循环路径，单位为 m；c 为常数，为机器人运行的平均路径长度相对于分拣中心 L 的倍数。

则可以推导出，一个搬运机器人分拣一个包裹的周期时间为：

$$T = \frac{A}{v} \tag{7-4}$$

式中 A 为机器人分拣一个包裹的平均循环路径，单位为 m；v 为机器人运行速度，单位为 m/s。

若分拣中心配置有 m 台搬运机器人，则可以推算出整体的分拣效率（以小时计）为：

$$E = \frac{3600m}{T} = \frac{3600mv}{c(n+1)L} \tag{7-5}$$

式中 E 为整体拣选效率，单位为个/h。

由式（7-2），可以得到：

$$L = \frac{\sqrt{G}}{\sqrt{pn}}$$

代入式（7-5）得到：

$$E = \frac{3600v\sqrt{pn}}{(n+1)c} \times \frac{m}{\sqrt{G}}$$

即：

$$E = e \times \frac{m}{\sqrt{G}}$$

其中 $e = \frac{3600v\sqrt{p}\sqrt{n}}{c(n+1)}$，是一个常数。

由公式可以得知：配置的搬运机器人数量越多，分拣效率越高。在分拣效率维持不变的前提下，格口数量设置越多，需要投入的搬运机器人数量也越多，但是与格口数的平方根成正比，如图 7-38 所示。

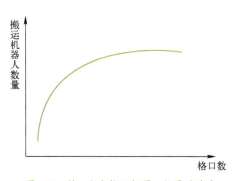

图 7-38 格口数与搬运机器人数量的关系

这说明，随着格口数的增加，需要搬运机器人的数量并非是线性增加的。这就使搬运机器人有可能胜任有大规模数量的格口，但是机器人数量投资并不巨大的场景。

而对于搬运机器人要解决的首要难题是怎么提高自身的分拣效率。对于离散式搬运，提高搬运效率可以从多个角度入手。除了提高自身运行的速度（比如现有分拣机器人空载速度能达到 2.5m/s）外，一方面可以增加搬运机器人的单次搬运量，另外一方面采用多台搬运机器人规模化搬运。

采用类 Kiva 搬运机器人进行分拣时的流程与前文中提及的连续式分拣系统类似，也要经过包裹的扫描、运输，然后到目的位分拣。分拣机器人到物料扫描工位如图 7-39 所示。

图 7-39　分拣机器人到物料扫描工位

类 Kiva 搬运机器人的分拣机构主要以翻板和横向皮带为主。常见的分拣方式有在搭建的钢平台上分拣和将机器人分拣面做高直接落袋进行分拣，分别如图 7-40 和图 7-41 所示。

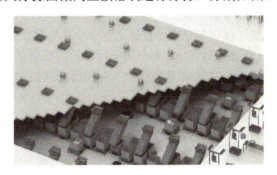

图 7-40　在搭建钢平台上分拣

图 7-41　将机器人分拣面做高直接落袋进行分拣（落袋式分拣机器人）

落袋式分拣机器人

第八章 智能包装系统

包装作为出厂前的最后一个物流环节,各种自动化技术在该环节的应用并未缺席,小到单件包装,大到整垛包装,市场上均有成熟的系统。

8.1 智能包装概述

不论是在商业流通环节的仓储物流中心还是制造环节的生产工厂,物料要产生商业价值,最终都要离开物流中心或者工厂被转运到下游,参与到外部的商业流通中。而在物料发货之前,要经过一个非常重要的环节,那就是包装。

物料包装的功能,一方面是为了保护产品,另一方面也是为了方便物流操作。例如将物品按照一定数量、形状、规格、大小等集合为单元,有利于物料的搬运、装卸、储存以及信息化管理。良好的包装方案既能为企业节省管理和流通成本,同时也能充当一种提供给客户的间接增值服务的介质。

在商业物流中心,包装过程首先开始于在拣选作业中将物料放入包装容器的过程。非整箱出库的拆零拣选作业,订单复杂且量大,为不影响拣选员的拣选效率和不浪费包装材料(选择正确的包装材料和容器),通常先将订单物料放入周转箱或其他容器,再集中到打包区统一打包,如图8-1所示。

图8-1 集中包装区

如果订单模式较为单一或打包箱统一,也可以直接在拣选环节将拣选物料放置到最终包装容器中,即包装作业随着拣选过程一并完成。

规模化运作的商业物流中心和生产物流中心,从收货、入库、拣选、分拣各环节都对物流系统提出了智能化的需求，包装环节也不例外。在包装环节各工序采用智能化、自动化技术手段代替人工作业，是目前的整体趋势。

商业物流中心的智能包装系统要解决由碎片化订单带来的柔性包装问题。而在生产物流环节，由于批量生产过程中，物料规格统一，更加便于实施全流程的智能包装系统，包括从单件物料包装到整件托盘包装，如图 8-2 所示。

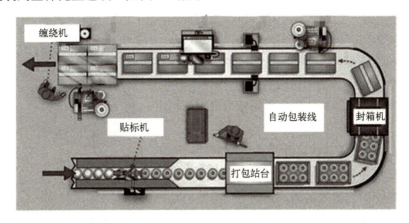

图 8-2 生产过程的自动化包装

8.2 智能单件包装

拆零拣选后，将订单物料放到单个订单容器中，这个过程就是单件包装。典型的单件物料包装可以分成如下几个步骤。

1) 获取包装容器。
2) 将物料放入包装容器中。
3) 在包装内放入与物料或者订单相关的打印材料。
4) 将包装内的空隙进行填充。
5) 将包装进行密封。
6) 在包装外侧贴附标签。
7) 包装的下级包装。

以上的每个步骤都有相应的智能物流装备实现本环节的无人化，通过系统集成技术也可以将以上多个步骤的物流装备集成到一个系统中，实现单件包装的全流程智能化。

8.2.1 获取包装容器

常见的流通包装容器有：
1) 纸箱。
2) PE（聚乙烯）袋。
3) 其他大规模商品生产时的专属包装容器。

持续供应空的包装容器是物料包装的物质前提。对于人工包装过程来说，为不间断地持续作业，大型物流中心通常在包装作业站配备并缓存有大量的各种尺寸和材质的包装材料，并有专人在缺少时进行定量的补充。

随着自动化、智能化技术的发展和物流各环节的自动化需求，各种包装自动化系统也陆续被应用。包装容器的自动化供给目前也较为成熟，主要有如下几类。

1. 固定式包装容器成型系统

以纸箱包装为例，纸箱自动成型机已经在各生产企业内有广泛的应用。由于规模生产中的产品规格统一，同一批次的产品可以包装到固定的纸箱中。目前市场上有大量专机设备，技术也较为成熟，如图 8-3 所示。自动生成的包装箱被运输到包装站台进行物料填充。

2. 连续变尺寸包装容器成型系统

在有拆零拣选作业的电商物流中，由于订单千差万别，如果由统一的容器来包装，虽然方便实现自动化和提高效率，但是会造成包装材料的极大浪费。如果能根据订单物料的不同，提供匹配合理的包装容器，则能有效地降低包装成本。因此提供可变尺寸包装容器的智能包装系统显得非常有必要，可变尺寸容器需要能"量体裁衣"似的在现场被裁切出来作为包装容器。

图 8-3 纸箱自动供给线

纸箱自动供给线

目前市场上已经有一些创新性的包装容器供应系统投入到应用中，可根据物料的实际情况动态输出可变尺寸的包装容器，如图 8-4 所示。

图 8-4 变尺寸包装材料供给线

变尺寸包装材料供给线

8.2.2 物料入包装

包装容器供给条件具备后，待包装的物料被放置于包装容器中。智能包装装备根据不同的包装效率、不同的物料属性等因素采取不同的自动化物料放置机构。

如果对于效率要求不高,且物料外形较为规范时,可以采用自动机械手进行塞箱处理,如图 8-5 所示。

图 8-5　机械手自动塞箱

若是采用连续变尺寸的包装容器,则使用"裹"的机构将物料包到容器中,如图 8-6 所示。

图 8-6　物料被塞入变尺寸包装材料中

物料塞入变尺寸容器中

而如果一个包装容器中要盛放一个由多种不同属性的物料组成的复杂订单,且对包装效率要求很高,则采用自动化设备与人工结合的方式更加合理。

8.2.3　装入订单页

在一些应用场景,为了使信息流上下游能贯通或者给终端用户更全面的信息,有时候会在包装容器中放入订单页。订单页上的信息来源于当前生产的物料信息或者当前的订单信息,通过后台信息管理系统打印出来。一些订单页如果需要更丰富的信息,则需要在包装线配置一定的传感器,比如称重仪、尺寸检测仪等为系统提供更多维的数据。

将订单页装入包装也可以实现自动化,可以将打印机安装在包装线上,系统在合适的时候触发打印机自动打印并将订单页投入到包装容器内,如图 8-7 所示。

图 8-7 订单页自动投放

订单页自动投放

8.2.4 包装内的空隙填充

为了防止物料在运输过程中发生损坏,通常会用一些具有缓冲功能的材料填充到包装容器的空隙中,各种填充材料如图 8-8 所示。

图 8-8 各种填充材料

这些填充材料通常由人工放入,同时市场上有一些具有半自动功能的填充材料生成装置辅助人工填充,如图 8-9 所示。

图 8-9 填充材料生成机

为提高包装效率和自动化水平,陆续有一些创新性的自动化填充技术面世。比如将物料放置于包装容器的同时附着一层膜,并经过热缩后将物料、薄膜和纸箱底部合为一体。如果外包装容器足够结实的话,采用此种方式就可以保护物料,同时也节省了填充材料,如图 8-10 所示。

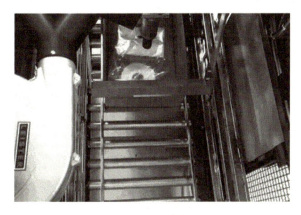

全自动填充方式

图 8-10　全自动填充方式

8.2.5　包装的密封

人工密封包装的方式通常是使用塑料胶带将包装容器的开口封住。同样地,在市场上也有成熟的自动化产品能将诸如纸箱之类的包装单元的开口进行密封,如图 8-11 所示。

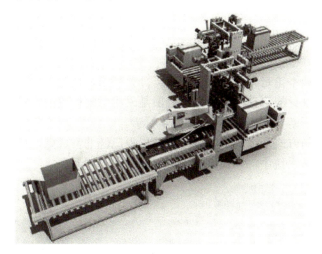

图 8-11　自动封装线

不过随着绿色环保的要求越来越严格,以后要逐步禁止塑料胶带等无法降解的材质在商业流通领域的使用。因此更加环保的封箱技术也逐步地在现实中应用,比如采用热熔胶结合自动机械装载对纸箱开口处直接封箱。其中连续性变尺寸纸箱的封箱过程由多重机械机构配合完成,也有采用天地盖再加热熔胶的方式进行封箱,分别如图 8-12 和图 8-13 所示。

图 8-12 变尺寸包装的热熔胶封箱

变尺寸包装的热熔胶封箱

图 8-13 天地盖热熔胶封箱

天地盖热熔胶封箱

8.2.6 贴附包装标签

密封完成后的包装不论是到下级包装环节、分拣环节，还是到厂外下游商业供应链方，都需要物料能传递出自身的信息，常规办法仍旧是采用贴附标签的方式。标签内包含有条码或者二维码信息便于下游快速获取，如图 8-14 所示。

除了手动贴标签的方式，市场上的自动贴标机也已经非常成熟，可以直接集成到包装机械内部或者自动化输送系统中，如图 8-15 所示。

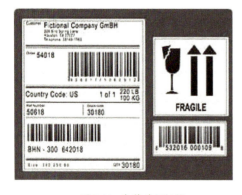

图 8-14 包装外侧标签

图 8-15 自动贴标系统

自动贴标系统

8.2.7 包装的下级包装

经过上面所述的 6 个步骤,基本上完成了对单件物料的基础包装过程。在有些工况下,可能需要对包装进行二次加强,使其更加结实并保证在后续运输过程中不被损坏。常见的比如有纸箱扎捆机,可以将其集成到智能包装流水线上,如图 8-16 所示。

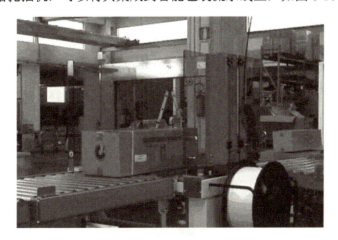

图 8-16 自动扎带线

自动扎带线

也有用热缩膜加强包装的形式,如图 8-17 所示。

图 8-17 自动热缩膜封包线

8.3 智能整垛包装

对于下游商业环节,如果每次发货量较大或者由于一些工艺的要求,有些场景需要将包装后的单件物料配置到托盘上进行快速转运。将物料单元堆放在托盘上的过程,通常称为托盘码垛或者码盘,从包装的角度也可以将其称为整垛包装。

根据码垛作业的工艺要求,结合码垛上游的相关物料数据,采用工业机器人结合一定的码垛算法可以实现智能码垛。不论是人工码垛还是智能码垛，都需要遵循一定的码垛策略，而对于智能码垛过程，码垛策略会被编码到算法中，并植入智能码垛控制程序中。

8.3.1 码垛策略

1. 选择正确的物料托盘

码垛时，托盘选择是否合理决定码垛后整体的稳定性。根据要码垛的物料属性，综合各种码垛的垛形来选择最合适的托盘，尽量保证在码垛时物料不超出托盘边缘，同时物料与托盘外边缘的距离尽量要小。若物料超出托盘边缘太多，会导致在托盘边缘外侧的物料在运输过程中被磕碰损坏，如图 8-18 所示。

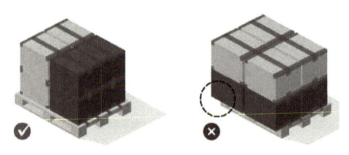

图 8-18 正确错误的托盘选择

如果物料小于托盘太多，一方面会造成车厢内的空间被浪费，不经济；另一方面当托盘带扎带后，由于间隙的存在，打包带在其上边的受力不均匀，很容易将处在打包带受力最集中的物料损坏。最佳的码垛效果是可以将物料和托盘包装成为一个完整的整体，如图 8-19 所示。

图 8-19 理想的码垛形式

2. 重物置底

与在货架存放物料的原则类似，重的物料在码垛时将其放置于托盘的底部，可以使物料的重心降低，有利于整体结构保持稳定且在整个托盘搬运过程中不容易受损。

3. 避免金字塔

如上面所述，尽量使托盘码垛后成整体，越接近正方体，结构越稳定。因此要尽量避免物料箱子互相叠摞变成金字塔的形状，如图 8-20 所示。

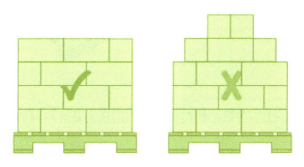

图 8-20　避免金字塔

4. 防滑堆叠

我们知道，码托盘时如果由下到上都是以同样角度重复性地互相叠摞，摞得越高，越容易倒塌。这是由于上下层物料之间互相没有牵制互锁，无法保持很好的整体结构稳定性。层与层之间互相错位叠摞，可以有效地保证整体的结构稳定性。

对于托盘可以按照如下的方式进行各层之间错叠码垛，如图 8-21 或图 8-22 所示。

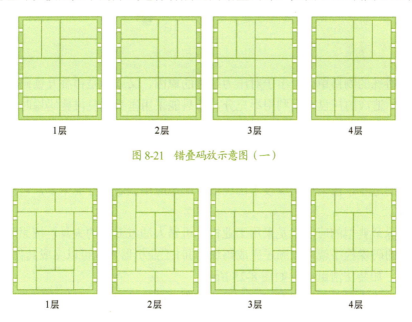

图 8-21　错叠码放示意图（一）

图 8-22　错叠码放示意图（二）

不过需要注意的是，普通垂直重复堆叠码垛时，上下各层的物料单元受到的压力是均匀分布的，如图 8-23 所示。

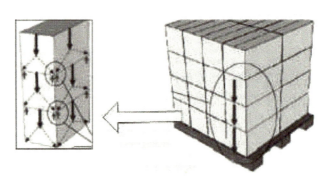

图 8-23 压力均匀分布

而各层错叠码垛时，上下各层的物料单元受到的压力是非均匀的，如图 8-24 所示。

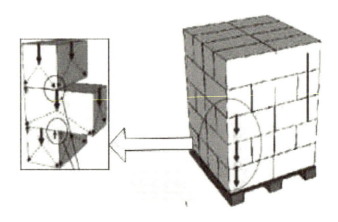

图 8-24 压力非均匀分布

因此有些特殊的物料单元，出于对压力敏感的原因，又或者是错叠互锁码放时不能充分匹配托盘尺寸所造成的托盘空间利用不充分，而只能采用垂直重复堆叠码垛时，可以采用每层加装防滑纸的方式来保证整体托盘的稳定性。

8.3.2 自动化码垛

随着技术的进步，自动化码垛技术已经被广泛地应用到各个行业中了，包括商业物流和工厂生产物流。

自动化码垛最典型的应用就是采用工业标准机器人通过专门的夹具，按照码垛策略，执行预先设定好的码垛程序就可以顺序完成码垛。同时工业机器人也可以完成其他的伴随动作，比如取空托盘、加装防滑纸等，如图 8-25 所示。

工业机器人码盘属于离散型搬运，在吞吐量要求高的场景下，可以采用单次多搬运量的方式提升码垛效率。

对于规模化的生产物流，物料单元有较强的标准化且流量大的特征。为实现较高的码垛效率，通常采用专用码垛机来实现近似连续式的码垛作业，如图 8-26 所示。

图 8-25　自动码垛机器人

图 8-26　专用码垛机

专用码垛机

对于订单呈碎片化的商业物流，大量的发货订单是将各种包装形式的物料组成到一个托盘上。此时就需要智能码垛系统对托盘中的订单物料进行码垛前的模拟分析，计算出最合理的码垛顺序，如图 8-27 所示。

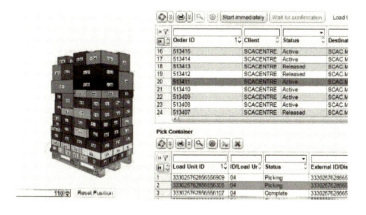

图 8-27　智能码垛分析系统

码垛后的托盘也可进一步采用自动化装备进行加固包装,比如自动缠绕膜,如图 8-28 所示。

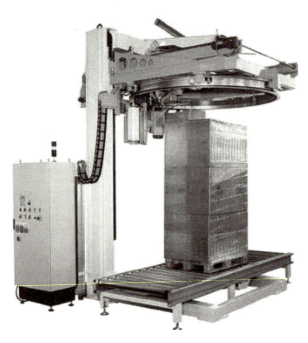

图 8-28　托盘自动裹膜机

第九章　智能物流系统的仿真评价

物流系统作为一个空间、时间与随机变量交错的复杂系统，对其中存在的问题进行分析可以依靠专业的计算机物流仿真软件来实现。

9.1　仿真评价概述

近几年我国的智能物流项目越来越多，每个项目的单体规模也越来越大，与此同时参与智能物流项目的系统集成商、装备商、配套商也越来越多。对于同一个项目的需求，不同的物流装备厂家会有不同的解决方案，即使是同一个公司不同的规划人员做出的方案也往往不尽相同。因此，对于不同的方案，需要有方法对其进行评估。

评估一个方案的优劣有不同的角度和方式，包括技术参数、投入经济指标、搬运效率、能耗等。对于简单的方案来说，通过一些经验和简单计算就可以估算出一些数据和指标。但对于规模较大和业务比较复杂的项目来说，只通过简单的几个指标计算很难准确地得出整体物流系统的评价因子，进而可能对方案评审和最终的项目执行决策引致不良的后果。

有了计算机信息技术后，很多行业的技术设计都可以通过在软件上进行仿真，来提前分析当前的方案和整体系统设计是否合理。对于智能物流系统分析，也有专业的物流系统仿真软件可供使用。应用较广的物流系统仿真软件有 Flexsim、Automod、Simplan、Demo3D、Plant Simulation 等。

很多自动化搬运和存储项目的方案设计过程中，需求方会给出一定的效率要求，比如每小时需要完成搬运 200 个托盘。如果这 200 个托盘的搬运任务是发生在多个工位、多个入库口、多个出库口之间，并且这些工位需要进出托盘的时间点也随机、仓库内每次进出库作业的货架位置也不同、时长也不同……这么多不确定的因素在一个方案里，通过分析各设备的参数来对整个系统的效率进行人工估算，显然是很难完成的。此时，就可以用仿真软件来对这个复杂系统进行建模和数据分析。

由上可见，大型智能物流项目中物流设备及人员的配置、各种子系统等是一个空间、时间与随机变量交错的复杂问题，几乎不可能用方程式或简单的计算表来解开这些难题。而仿真技术对解开这些难题非常有效。利用物流系统仿真软件，不用组装任何实际硬件和安装其他软件系统，就可以在计算机上进行实验。

物流仿真软件在物流系统中主要用来解决如下几个问题。
1）引进新设备时的事先评价问题。
2）场地布局的评价问题。
3）工厂、仓库、物流中心规划设计方案的选择问题。
4）工厂、仓库、物流中心的容量/库存问题。
5）工程作业计划的改善问题。
6）涉及时间、空间和效率的关系问题。

9.2 仿真的基本步骤

这里以仿真软件 Flexsim 为例，讲解智能物流系统仿真评价的基本步骤。

9.2.1 导入布局与设备

物流系统仿真首先要明确被仿真方案的图纸布局和范围。仿真软件以此为基础将所有的元素包括设备、操作员、物料单元等按照图纸中的布局进行基本模型导入。导入布局与设备如图 9-1 所示。

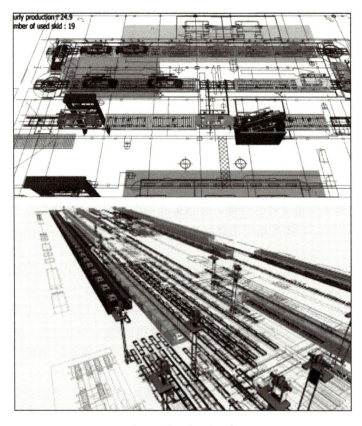

图 9-1 导入布局与设备

绝大多数的物流规划设计方案都是由 AutoCAD（简称 CAD）辅助设计完成的，因此

CAD 文件往往是一个物流系统仿真的起点。物流仿真软件支持 CAD 文件的直接导入。导入的 CAD 方案布局图，由于包含了物流系统设计时的尺寸数据和各种物流设施、设备、人员的空间位置关系，因此仿真软件可以在导入的 CAD 布局图中，将自身软件的各类装备 3D 模型直接布置到整体布局中的正确空间位置处，为模型输出精确仿真数据提供良好的空间数据基础。

在没有 CAD 设计源文件的情况下，仿真模型要在软件中事先定义好空间距离单位。按照与实际相符的距离、尺寸、角度等空间信息将模型创建于仿真软件的虚拟环境中，所有的空间数据在后续实际模型运行中会直接影响物料搬运效率的仿真结果。

9.2.2 设置基本参数

在仿真软件模型里的所有元素创建好之后进行参数设定，如图 9-2 所示。比如输送机的搬运速度设置为 0.3 米/秒，货架每个货格容量设置为能摆放 3 个托盘，某个加工台的加工周期设置为每件产品消耗工时 10min 等。

在仿真软件中，基本参数的设定主要集中在如下几个方面。

（1）物料参数

物料参数主要包括物料的外部形状、基本尺寸，如图 9-3 所示。也包括各类物料在总物料中所占的比例、物料在经过某些物流装备后发生变化的各项参数（如尺寸、外形等）。比如小件物料被机械手塞箱后变为更大尺寸的整箱物料单元。

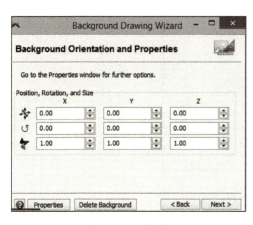

图 9-2　设置基本参数

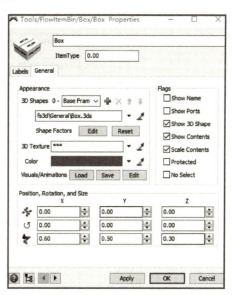

图 9-3　物料参数设置

（2）设备参数

设备参数主要包括设备对接上下游的方式（如合流规则、分流规则等），处理物料时的时间节拍，搬运设备的运行速度，连续式搬运设备的长度、缓存量，物料在设备内的存储方式、间距等信息，如图 9-4 所示。

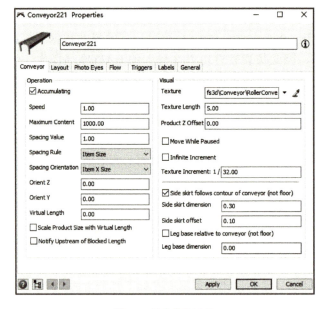

图 9-4 设备参数设置

（3）总体规则参数

总体规则参数主要包括物料的产生规则，物料的被吸收规则，模型的时间、空间单位，仿真模型运行的时间约束条件等，如图 9-5 所示。

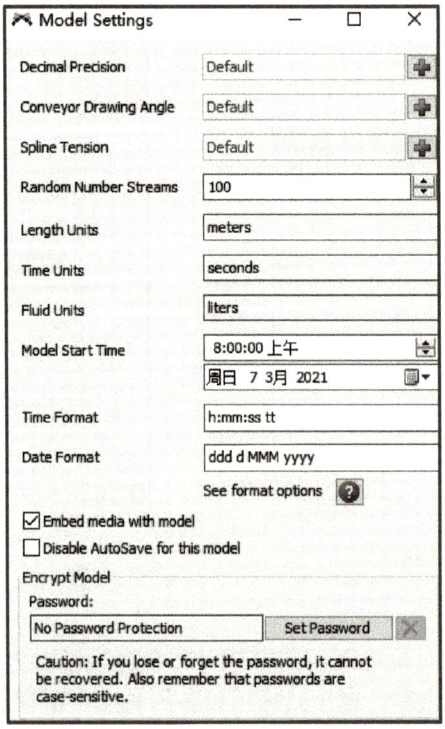

图 9-5 总体规则参数设置

9.2.3 设定工艺逻辑

在对物流系统仿真前，要了解仿真对象的整体工艺流程。要使所有虚拟环境下的物流模型能遵循实际物流世界中的运行规则，关键是要根据工艺要求设定物流设备、人、空间、时间等元素之间的逻辑关系。比如输送机上下游的关系、站台触发 AGV 搬运的原则、加工工位需要人工去开启的规则、货架里所有货位的存放顺序、每个站台需要的等待时间、叉车搬运时要走的路径等。工艺逻辑代码如图 9-6 所示。

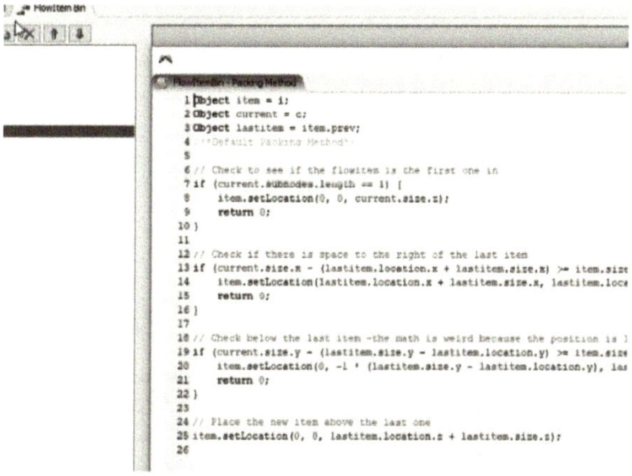

图 9-6 工艺逻辑代码

越是大型的、复杂的智能物流系统，越需要通过物流仿真软件来分析整体运行情况。如图 9-7 所示，复杂的智能物流系统，由于物流设备众多、搬运工艺烦琐、互相牵制的因素较多，在仿真建模过程中，需要通过大量的逻辑代码和算法来模拟各种要素之间的关系。

图 9-7 设备之间互相逻辑牵制

9.2.4 设定监测目标

仿真的最终目标是通过分析物流系统中的某些指标来对系统做出整体评价。在仿真软件中要设定监测的目标参数，比如仓库内所有货架上每小时存放多少托盘、AGV 每小时搬运了多少托盘，某台输送机每分钟最多运走多少个箱子等，如图 9-8 所示。

图 9-8　设定监测参数

对监测目标的分析主要通过报表、图例等形式查看，如图 9-9 所示。

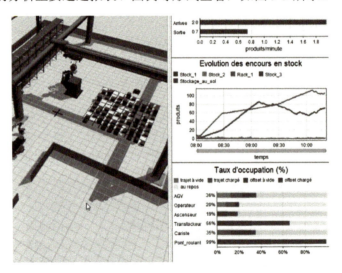

图 9-9　目标参数展示

仿真软件设定的监测目标主要包括如下几个方面。
1）物流设备所承载的物料数。
2）物流设备的平均输入效率和输出效率。
3）物流设备的输入物料总数和输出物料总数。
4）设备的运行距离、运行时间。
5）物流设备的利用率。

9.2.5　方案分析评价

运行仿真模型，观察系统在运行过程中物料的搬运情况、设备运行情况和目标参数的变化情况等。通过分析仿真模型展示出来的数据，设计人员可以发现物流系统的瓶颈、产能过剩点、不合理的布局、人员配置问题等。根据发现的问题调整模型的参数，重复运行并再次观察分析，直至将系统调整至最佳的状态，从而发现当前方案的瓶颈、不足和引发问题的根源所在，最终选择出潜在的最优方案。

通过仿真分析，通常可以得到以下几个方面的方案评价结果。

1）物流系统方案中的某部分采用何种设备最合理。
2）某物流设备或者子系统需要配置多高的性能才能保证系统上下游合理地运行。
3）物流系统中需要多少工作人员才能满足系统运行。
4）物流方案中的瓶颈在哪里，瓶颈值是多少。
5）两套以上的方案，哪个方案性能最佳。
6）某个物流环节的作业方式应该选择哪种模式。

第十章 未来智能物流系统的展望

10.1 未来的智能物流的目标

工业 4.0 和智能制造驱动新一轮工业革命，其核心特征是万物互联。互联网技术降低了产销之间的信息不对称，加速两者之间的相互联系和反馈。

工业发展的宏观目标是为了建立一个高度灵活的个性化和数字化的产品与服务模式。而对于未来物流系统来说，需要满足数字化、高度柔性化和智能化的需求。

10.1.1 数字化的物流系统

未来工业的核心特征是互联，如图 10-1 所示。这种互联包括设备间的互联、企业间的信息互联、厂内不同工艺组间的互联、上下游产业链的信息互联、终端消费者与厂内的互联、制造设备与物料之间的互联、人与各种系统的互联等。

图 10-1 未来数据互联

这一切连接的最终目的是将所有连接终端的数据信息进行交互，通过大数据和智能算法，提炼出对各环节有益的信息，从而再反过来指导生产、协助产品设计迭代、促进上下游产业链的物料供应和采购等。

如图 10-2 所示，工业 4.0 下的物流系统里的数据不仅包含每小时的吞吐量、当前执行的任务编号、搬运的速度，还包括底层硬件的实时数据，如电动机的电流、输出力矩等，也包括与上位机或其他系统的对接信息数据等。

图 10-2　物流系统数据平台

有了这些海量的实时数据，未来可以衍生出很多数据应用场景。

物流系统与外界其他系统的互联能形成一张更大的网络。物流系统与其他系统的数据互通，能促进物流系统内部优化、预警、迭代、自我适应；同时外部系统利用物流系统产生的数据深度分析后，为供应链上下游管理提供帮助，为设备服务商研发新的物流技术和产品提供数据支撑等。

10.1.2　高度柔性化的物流系统

随着互联网与制造业的不断融合，未来的客户不仅能参与对产品的选购环节，还能参与到生产厂家的制造环节中。

未来制造企业将不仅仅进行硬件的规模化生产和销售，还能通过提供售后服务和其他后续服务，来获取更多的附加价值。未来的制造是柔性制造，个性化需求、小批量定制将成为潮流。制造业厂商要在制造产品过程中，尽可能多地增加产品附加值，拓展更多、更丰富的服务，提出更好、更完善的解决方案，满足消费者的个性化需求。

可以设想一下未来的购物场景。人们不仅可以在手机 App 上随时随地地选购物品，而且还可以根据自己的喜好在 App 上提出定制的要求。下单后，系统自动将这个订单的需求发到制造云平台上，云平台根据定制要求智能分析出需要采购哪些特殊的原料，并将订单自动下发到最终的生产厂家。生产厂家根据订单自动调度厂内的各个自动化设备进行定制化生产，如图 10-3 所示。

由于是定制化的产品，工厂每天生产的产品是有差异的。这种差异可能体现在尺寸大小、重量、外观形状、数量、性能或者包装等方面。

而对于厂内的智能物流系统，未来要能尽量满足这些定制化的产品。在生产过程中各物流环节的需求，比如各工位之间的搬运、仓库的存储、出货前的包装等。这种能同时满足各种定制化产品的物流系统就具有了很强的柔性化特征。

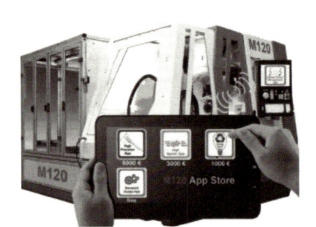

图 10-3　未来生产高度定制化、柔性化

除了产品的差异化造成的对物流系统的柔性化设计的要求外，工厂的生产排期也存在柔性化的需求。比如有些月份的生产订单非常多，每天的物流吞吐量非常大；有些月份的生产量又很少，又或者是随着潮流的变化，当月与上个月生产的产品不同等。这些生产计划的变化也对物流系统的柔性化设计提出了新要求。

目前的厂内物流系统，多数是刚性非柔性的设计，主要体现在物料单元标准固定、系统流程动线固定、系统性能指标固定三个方面。

1. 物料单元标准固定

物流系统的设计通常是基于标准化的物料单元的，也就是说物流自动化系统多数是处理具有同样尺寸、同样重量、同样包装方式的物料单元。如果物料无法统一，需要将物料按照一定的规则放到统一的容器中，比如料箱、托盘等。

各种自动化物流设备往往也只能处理同一类标准的物料单元，比如自动化立体仓库存储同一类规格的托盘货物单元、输送机输送同一类规格的料箱。系统建成运行后，当物料单元发生变化时，则原物流系统和设备很难适用。

比如输送料箱的皮带线是无法搬运托盘的，如图 10-4 所示。

图 10-4　料箱输送机线

而托盘类的自动化立体仓库也无法直接存储周转箱到货架上，如图 10-5 所示。

图 10-5　托盘类立体库

2. 系统流程动线固定

工厂的生产工艺在一定时间内基本是固定的，尤其在建厂初期。那就意味着厂内的物流搬运流程也基本上固定下来了。因此，采用自动化物流系统时，系统的动线设计往往也是依据固定下来的生产工艺流程设计出来的。比如在工位1与工位2之间安装用来输送托盘的链条输送机，在线边工位到仓库之间采用3台AGV在划定好的工业车辆行走通道来搬运物料完成出入库作业。

随着外部商业环境的快速变化，如果某段时间工厂的生产规模要扩大，需要增加工位或者要置换新的加工机器，那之前已经安装的物流系统则不能直接使用，而需要重新安装调试物流设备来适配新的工艺动线流程和与新的加工机器对接。

3. 系统性能指标固定

任何系统和设备都有一定的性能指标，物流系统也不例外。一个仓库有多少个货位、一条输送机每小时能输送多个包裹、机械手每次能抓几个包裹，物流系统在设计时，这些基本上就已经定型，如图 10-6 所示。

	Mini	Straight	Curve Going
Payload Max.	1500 Kg	2500 kg	2000 kg
Height Max.	8-24 m	24 m	20 m
Mast	Double	Double	Double
Wheel Base	0.75 m	0.75 m	0.75 m
Min Upper Approach From Top Level Of Load	0.4 m	0.4 m	0.4 m
Travel Axis Speed Max.	4 m/s	3 m/s	3 m/s
Travel Axis Acceleration Max.	0.8 m/s²	0.5 m/s²	0.5 m/s²
Travel Power	2 x 3.3 kW	2 x 3.3 kW	2 x 3.3 kW
Lifting Axis Speed Max.	1.0 m/s	0.5 m/s	0.5 m/s
Lifting Axis Acceleration	1.0 m/s²	0.5 m/s²	0.8 m/s²
Lift Power	2 x 5.5 kW	2 x 5.5 kW	2 x 5.5 kW
Curved Travel	No	No	Yes
Telescopic Forks Speed Empty/ Loaded	1.3 / 1.2 m/s	1.3 / 1.2 m/s	1.3 / 1.2 m/s
Telescopic Forks Acceleration	1.1 m/s²	1.1 m/s²	1.1 m/s²
Telescopic Forks Overload Safety	Friction Clutch	Friction Clutch	Friction Clutch
Camera System	Optional	Optional	Optional
Conveyed Goods	Palletized Loads	Palletized Loads	Palletized Loads
Application	High Bay Storage, AS/RS, Live Storage	High Bay Storage, AS/RS, Live Storage	High Bay Storage, AS/RS, Live Storage

图 10-6　固定的系统性能指标

由于未来的生产是柔性化的生产模式，本月的生产物流量可能就会比去年同期的物流量翻一倍，如果自动化物流系统初期就按照较大吞吐量来引进设备的话，那在生产规模较小的情况下，多出来的这部分设备就是一种资源不合理的配置。而如果自动化物流系统初期按照较小的生产吞吐量来设计的话，又会由于当前物流吞吐量增加而造成物流系统能力不足的情况。而系统一旦安装后，再增加设备和升级系统，往往会由于空间、时间进度等原因无法实施。

以上三种刚性设计的物流系统在未来会被颠覆，未来的智能物流系统可以处理各类物料单元，可以随着生产流程工艺的变化而轻松调整成新的动线，可以自适应调整，组合成系统需要的性能。

10.1.3 智能化的物流系统

未来的智能物流系统从系统框架上就会与目前的结构彻底不同。目前的智能物流系统是基于金字塔结构的，而未来的智能物流系统是基于分布式结构的，如图10-7所示。

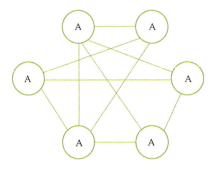

图10-7 分布式结构

一个智能物流系统通常是由企业上层ERP、到WMS、到WCS再到底层电控元件和机械设备，而分布于现场固定安装的各类输送机、机械手、自动仓库等都需要依赖上位系统的调度和多个设备配合来实现基本的物流或存储功能的，单个设备本身无法完成一个完整的作业流程。

而在未来工业4.0下的智能物流系统，每个单独的设备甚至是模块都有一定的"智商"，它们可自我感知、自适应、自预警，设备与设备之间可以互相进行信息交换和任务接力，一个个的智能单元构成了整个系统的智能化。

10.2 未来智能物流系统的特点

在未来的智能工厂里，不管是物料还是生产线都是智能的，并且彼此的信息是互联互通的。对应到智能物流系统里，被搬运的物料每个都是智能的，比如输送过程中的每个物料是自带身份ID信息和存放信息的介质，同时自身携带物料的来源、参数、去向等特征信息。物料本身能与物流搬运系统实时通信并智能地告知当前的搬运系统应该将其搬运到何处。

如图10-8所示，未来的物流设备也是智能的，设备单元与设备单元之间互联互通，协同工作，完成所有物料的搬运和输送任务。物流系统要能应付各种物流生产的需要，因此未来的智能物流系统要做得足够柔性化。

图 10-8 未来智能物流系统假想图

柔性的物流系统对运营方来说,系统可以满足随时变化的生产节奏和工艺调整,对于系统提供方来说,可以快速地将柔性物流产品部署到各个不同行业的现场中。

在工业 4.0 的大背景下,包括中国、德国、英国在内的全球各个国家的研究机构都在积极地研究未来智能物流系统。为实现未来智能物流系统全面数字化、高度柔性化,智能化的目标,在设计物流系统时应该赋予什么特点呢?我们可以从如下几个方面入手。

10.2.1 新系统搭建时所见即所得

所见即所得是从英文"What you see is what you get"翻译而来的,是一种程序软件设计思路,即用户在编辑文档时看到的样子和最终得到的成品是一样的。我们常用的 Office 软件和 CAD 等就是一种"所见即所得"的软件,如图 10-9 所示用 Word 来编辑一个文档,在计算机的 Word 里看到的和最后打印出来的是一样的。

图 10-9 所见即所得

可以将这种思路移植到智能物流系统的设计中来。一方面从设计到实现的角度来讲,比如物流系统里的设备单元有标准的库,在一个智能物流系统设计阶段,通过专业软件对基本设备单元进行选择和整体布局后,可以做到与后期实施后的现场设备单元搭建是完全一致的。实施过程中无须对设备单元进行专门的外形定制,也无须进行有针对性的软件定制,设备安装时的每个单元和设计时完全保持一致。

另外一方面从现实到可视化的角度来讲，设备单元在现场完成安装后，无须进行专门的软硬件调试和编程，在可视化界面上就可以看到当前现场设备的布局和运行状态。现场安装的设备布置完成时，可视化的人机界面也自我完成搭建，如图 10-10 所示。

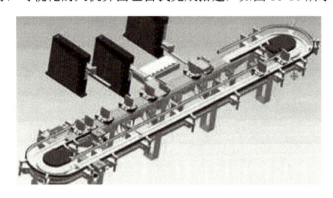

图 10-10　未来物流系统设计界面

以上两种情形都属于未来智能物流系统里的"所见即所得"的设计思路。

10.2.2　设备单元可热插拔

Plug and Play 简称 **PnP**，是一种计算机硬件术语，是指在计算机加一个新的外部设备时，能自动监测与配置系统的资源，而不需要重新配置或手动安装驱动程序，如即插即用 U 盘，如图 10-11 所示。

图 10-11　即插即用 U 盘

即插即用的设计思路可以用在未来智能物流系统中。在实际项目现场，不管是连续式搬运系统或者是离散式搬运系统，都可以将物流设备单机硬件投放到整个物流系统中或者将硬件模块直接拼接到现在系统中即可投入使用，而不需要进行专门的控制系统配置、软件调试等工作。整个过程就像往计算机插 U 盘一样，设备和模块可以实现自我配置，系统可随意快速地加入和移除一个模块或者设备，而不会影响整体系统的运行。

连续式搬运系统的实施中，比如输送机系统，在现场安装时，将各个输送机的单机硬件设备根据方案布局安装在正确的位置，并与上下游的输送机单元进行简易的电气接头拼插后，系统即可自主完整配置，无须在上位机或者单独的控制终端进行设置，输送机就可以根据刚刚搭建的硬件完成物料的自主搬运。

在离散式搬运系统的搭建中，比如搬运机器人，在当前已经有 50 台机器人正常运行的情况下，此时需要提高搬运吞吐率，需要增加 10 台搬运机器人，只要将新的 10 台机器人放置场地内即可，新的机器人会自主与已有的机器人群通信、组队、融合，共同完成当前的搬运任务，如图 10-12 所示。

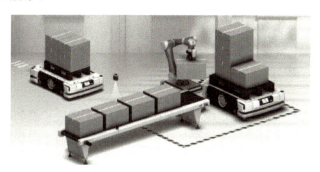

图 10-12　未来自主仓储机器人

10.2.3　系统柔性可扩展

工业 4.0 背景下的未来的制造业生产模式是柔性化的，那就意味着工厂的产能是随着市场的变化而动态变化的。而对应的厂内物流系统也要应对这种变化，也就是说未来的智能物流系统可以随着输送订单的变化进行扩大和缩小。未来的智能物流系统预留可方便扩展的硬件物理接口和虚拟数字接口，可以快速实现系统的性能放大和缩小。

10.2.4　系统可快速重构

生产的柔性化也体现在未来工厂生产工艺的调整和物流系统的调整上，比如连续输送系统的路线改变、局部输送功能的变化等。这就要求现有的物流模块可以经过简单的移动或者调整后，就可以匹配上新的生产工艺产生的物流工艺的调整需求。

简而言之，利用现有的类似于积木的模块（如图 10-13 所示），可以快速简易地重新搭建一个新的模型出来。这样可以针对不同的应用场景，用设备单元组合成一个满足新的搬运工艺需求的物流系统。

图 10-13　积木可随时重新搭建

10.2.5 系统具有冗余稳定性

不管是现代物流系统还是未来更加智能化的物流系统，稳定性都是必须要保证的。要使一个系统更加稳定，可以通过增加系统的冗余能力来实现。比如某条输送路线出了故障，物料可以走另外一条路线；一个搬运机器人出故障了，可以由其他机器人来代替它继续完成运输任务。

对于未来的智能化物流系统，要求系统能够有一定的故障预测能力，能够及时提醒相关维护人员进行预判性检查和维护；同时未来的物理系统也具有一定的故障自主排除和修复的能力。

10.2.6 系统工作模式自适应

当外部生产订单有变化时，在系统不需要重新搭建也不需要扩展的情况下，未来的智能物流系统可以在一定程度内自动适应调整某些功能和性能，从而满足相应变化的物流需求。比如系统根据当前输送搬运的需求变化，自主地将输送模式调整到缓存模式，搬运机器人自主地从每次搬运 1 包物料调整为每次搬运多包物料等，如图 10-14 所示。

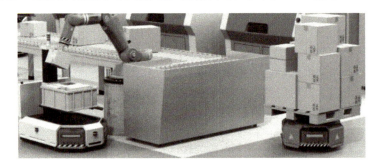

图 10-14 有自调节功能的未来搬运系统

10.3 未来智能物流系统的实现路径

10.3.1 设备单元模块化设计

未来的智能物流系统具有强柔性和能热插拔的特点，那就需要将搬运单元从模块化的角度来进行设计。如图 10-15 所示，就像外接键盘或者外接鼠标这类 IT 硬件设备一样，在系统需要字符输入的时候，只需要将这样的可插拔设施直接接入到系统即可完成输入的功能。这就像软件产品一样，客户可以根据自己的需要，选择需要的模块并导入到整个系统中即可。

做模块化设计，既可以做成功能齐全的通用性模块，也可以做成各种不同用途和功能的差异性模块库。在未来工业 4.0 的应用场景下，一个系统被规划好之后，可以直接从模块库里选择功能合适的模块。根据系统整体要求，快速地拼接出具有一定布局结构、特定组合功能的智能搬运输送系统。

图 10-15 模块拼接示意图

10.3.2 设备单元间可组合集成

众多的物流技术专家认为,自动化物流系统基本都是由以下 5 大功能所组成的。

1)输送。
2)分流。
3)合流。
4)缓存。
5)处理。

通常不论多复杂的自动化物流系统,都是由以上这 5 个基本功能组成的。每个模块被设计成具有某一个或者多个功能,而多个模块组合在一起,就可以完成更加复杂的物流流程和动作。其中每个模块都配有一定的传感器和执行器,并且每个模块都可以独立完成一定功能的物流动作。

比如分拣线中将滚筒输送机和十字移栽机模块组合在一起互相配合,就可以完成物料的分拣功能,如图 10-16 所示。

图 10-16 移栽式分拣线

10.3.3 设备群与分布式控制

目前的自动化物流仓储系统都是按照金字塔结构来设计的。最常见的设计结构是最上层是企业的 ERP 系统，往下是 WMS 系统，然后是 WCS 系统，最底层是执行动作的设备层。

在这种结构中，底层的设备都是非智能的，都需要通过信息采集后将数据上报到控制层服务器，经过 WCS 或 WMS 分析后再反馈给设备，告知设备层去做动作或者不做动作。因此底层的设备其实是非智能的，底层每个设备的大脑其实都是在上层，多个设备将数据汇总到上层的 WCS 或者更高层后，再来统一调度这些设备去执行任务。因此，每个设备或者模块是无法独立运行的。

而未来工业 4.0 下的智能物流系统是分散控制的，如图 10-17 所示。这就意味着每个模块都是独立的个体，可以自主完成单独的功能。具有复杂的功能集合就需要几个不同的模块合作集成，并互相配合完成系统总体功能。

图 10-17　未来分布式结构

多个模块在一起组成复杂的系统时，需要一定的高级算法来使多个模块互相协作配合，最后完成系统的复杂功能。

10.3.4 模块接口交互与接口标准化

各模块可以单独运作，一旦组成系统后，互相协调配合完成复杂功能，这就需要相邻的模块之间进行交互，这种交互包括：

1）物理上的交互，比如物料传递，如图 10-18 所示。

图 10-18　上下游的物理衔接

2）信息上的传递，比如物料的编号，如图 10-19 所示。

图 10-19　上下游的物料信息传递

3）执行任务的传递，比如某个物料的输送作业被拆解成所有参与模块要具体执行的分解指令集，该指令集随着物料的移动传递给上下游搬运过程中参与的每个模块，如图 10-20 所示。

IDL	E2	parken	beauftragt	0	....	P1	0	1	09:15:04
IDL	E3	parken	beauftragt	0	....	P2	0	2	09:15:04
IDL	E4	parken	beauftragt	0	....	P3	0	3	09:15:04
IDL	E5	parken	beauftragt	0	....	P4	0	4	09:15:04
IDL	E6	parken	beauftragt	0	....	P5	0	5	09:15:04
IDL	E7	parken	beauftragt	0	....	PD03	0	11	09:15:04
IDL	E8	parken	beauftragt	0	....	PD02	0	12	09:15:04
IDL	E9	parken	beauftragt	0	....	PC02	0	13	09:15:04
DMV	0	0	wartend	14	W055Z	LEER3	0	0	09:16:04
DMV	1	0	wartend	0	W055Z	LEER3	0	0	09:16:04
DMV	2	0	wartend	0	W055Z2	LEER3	0	0	09:16:04
DMV	3	0	wartend	0	W055Z	LEER3	0	0	09:16:04
DMV	4	0	wartend	0	W055Z	LEER3	0	0	09:16:04
DMV	5	0	wartend	0	W055Z	LEER3	0	0	09:16:04
DMV	6	0	wartend	0	W055Z	LEER3	0	0	09:16:08
DMV	7	0	wartend	0	W055Z	LEER3	0	0	09:16:08
DMV	8	0	wartend	0	W055Z	LEER3	0	0	09:16:08
DMV	9	0	wartend	0	W055Z	LEER3	0	0	09:16:08
DMV	10	0	wartend	0	W055Z	LEER3	0	0	09:16:08
DMV	11	0	wartend	0	W055Z	LEER3	0	0	09:16:12
DMV	12	0	wartend	0	W055Z	LEER3	0	0	09:16:12
DMV	13	0	wartend	0	W055Z	LEER3	0	0	09:16:12

图 10-20　上下游搬运任务指令集

在系统较为复杂的情况下，非相邻的模块之间也需要及时的交互，这样就需要两个模块之间的中间模块可以间接地传递信息。比如在分支口要判断前边的缓存模块是否满了。

各个模块之间要互相通信协调，必须要有统一的标准接口，包括统一的物理接口和信息接口。由于分布式的控制系统要求各单独的模块之间可以灵活地组成具有各种复杂功能的系统，那就要求这种信息接口的交互内容要有较高的逻辑水平。模块之间的交互信息就不是简单的 I/O（输入输出）指令，而是具有高级语言特性的任务指令集。比如当前任务的起始点、终点、任务编号、优先级、物料序号等，如图 10-21 所示。

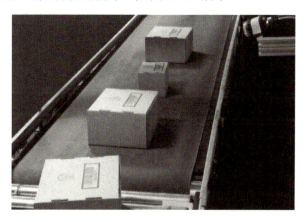

work order	2355
assigned time	2020-08-30-3223
start end	K45
End pot	H21
task status	3
task priority	A2
material No	G343
Work type	TRs
Service type	Gen
Site No	r02r

图 10-21　模块之间的接口要标准化